LE CONTREPOINT DE HEGEL

DU MÊME AUTEUR

Lire Hegel, Ellipses, 2000
La Trinité chez saint Augustin, Ellipses, 2004
Heidegger (Pensée de l'être et origine de la subjectivité), Le Cerf, 2005
Introduction à Heidegger, Ellipses, 2005
Être et identité (Méditation sur la Logique de Hegel et sur son essence), Le Cerf, 2006
Microcéphalopolis (roman), Via Romana, 2009
Pages (Le Sens, la musique et les mots), Séguier, 2009
La Vérité captive (De la philosophie), Le Cerf, 2009
La Pensée catholique de Jean-Sébastien Bach, Via Romana, 2010
Le Chant du Veilleur (poème), Via Romana, 2010
Philippe Muray, la femme et Dieu, Artège, 2011
L'Insolent (roman), Robert Laffont / NiL, 2012
Improvisation sur Heidegger, Le Cerf, 2012
Journal inexorable, Via Romana, 2012
Bréviaire de l'Agnostique (Aphorismes et Premières pensées), P.-G. de Roux, 2013
La Satire Foutre, Les Belles Lettres, 2014
Portrait de l'Artiste en Glenn Gould (Tractatus de Musica), P.-G. de Roux, 2014
Verbe et vie de saint Augustin, dans Saint Augustin, *Sermons sur l'Écriture*, édition établie et présentée par Maxence Caron, « Bouquins », Robert Laffont, 2014
De l'art comme résistance à toute implication politique, Séguier, à paraître

Direction d'ouvrages collectifs :

Heidegger, Le Cerf, 2006
Hegel, Le Cerf, 2007
Saint Augustin, Le Cerf, 2009
Philippe Muray, Le Cerf, 2011

PROBLÈMES ET CONTROVERSES

Directeur : Jean-François COURTINE

LE CONTREPOINT DE HEGEL

PRÉLUDE & FUGUE

par

Maxence CARON

PARIS

LIBRAIRIE PHILOSOPHIQUE J. VRIN

6, Place de la Sorbonne V[e]

2014

ISSN 0249-7875
ISBN 978-2-7116-2538-3

www.vrin.fr

À Jean-Pierre Zarader
qui fut mon maître

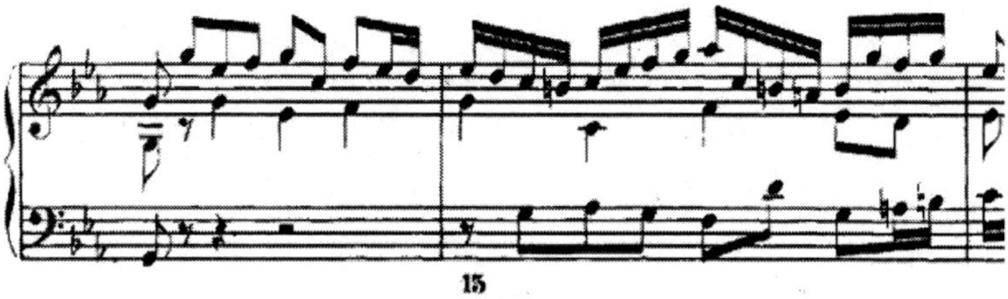

J.-S. Bach, *Clavier bien tempéré* (Livre II)
Extrait de la *Fugue en ut mineur*,
contrepoint enchâssé dans un contrepoint

PRÉLUDE

FANTAISIE CHROMATIQUE ET CONTREPOINT

Que l'homme en sa jeunesse puisse croire le but si proche :
C'est la plus belle des illusions par laquelle l'Essence
Vient en aide à la faiblesse de notre condition.

Hölderlin
(*Hypérion*)

*

Relèverai-je tel constat selon lequel il se pourrait volontiers que Hegel fût le penseur à la fois le moins et le plus appris, le philosophe insu que tant l'on sait, soit le philosophe le moins lu et le plus cité ? Demeure incontestable que, tout comme pour Heidegger, le double apport de sa doctrine et de sa poétique (car, et Bachelard l'a si bien montré, la langue qui cherche est poème) traverse chacun des pas de ceux qui, rares en ces temps de détresse, s'essayent à penser.

L'on aurait tort de se priver en tout et tel cas d'appliquer au monumental et hiératique Hegel sa propre maxime : « Ce qui est bien connu est en général, pour cette raison qu'il est bien connu, non connu ». À croire qu'il se voyait lui-même entre les mains de ceux qui font les siècles à mains.

*

Tu ne vis pas sur leur bouche,
Mais c'est dans leur affairement que tu vis encore.

Hegel, *Éleusis*,
Poème inclus en une lettre adressée à Hölderlin

*

La pensée hégélienne apparaît trop souvent comme une affaire classée : la voilà encore et toujours accusée, à contre-sens et en dépit de ses textes les plus accessibles, de figer et fixer la vie multiple et foisonnante de « l'être » tel qu'une certaine et longue époque de la philosophie entend le comprendre, accusée d'enfermer « l'être » dans un système dont aucun scrupule n'arrêterait la hardiesse de totalisation ni l'obsession à réduire l'altérité du donné. Tel est le principal cliché qu'autorise la culture officielle en ce qui concerne le condisciple et ami de Hölderlin et de Schelling, l'auteur dont le maître-mot a dès toujours été de « penser la vie ».

*

Belle vie, tu vis comme les fleurs frêles, l'hiver.
Dans un monde vieilli tu vis seule et recluse.
Tu aspires à déployer ton amour, à te réchauffer au soleil, à la lumière printanière,
En qui tu cherches la jeunesse du monde.

Hölderlin
(*À Diotima*)

*

Il existe cependant maints symptômes dénués d'innocence : ceux-là même qui portent en eux, selon le mot de Ducasse, une tâche de sang intellectuel…

La doctrine de Hegel est celle où s'alimente secrètement mais sûrement l'équation qui fait définitivement correspondre l'être à la mobilité de la vie, et qui fait pénétrer l'histoire dans sa phase terminale, dans la chronologie d'une forclose jeunesse sans vigueur ni santé. J'en ai longuement parlé, je ne compte pas me redire. Je noterai chemin faisant, à l'attention de ceux qui aiment les paradoxes historiaux, qu'il est particulièrement saisissant de voir reprocher à Hegel de ne pas penser la vie alors que c'est dans la pensée de cet homme que pour la première fois la mobilité et l'être deviennent indissociablement synonymes, et de sorte que plus jamais cette équipollence ne se verra soumise à l'examen.

Il devient nécessaire de dépasser l'effarement lorsque la médiocrité atteint un certain seuil signifiant : affirmer que Hegel dit « A » tandis qu'apertement il dit « non-A », relève de la volonté de celui qui prend sur lui une telle affirmation, et n'appartient en rien au contenu de la pensée de Hegel. Se terre ici une réalité derrière la nocuité d'un symptôme que nul ne relève : il y a dans la remise en cause de Hegel par ceux qui lui doivent tout, un parricide qui est trop clinquant pour ne pas s'apparenter à un Œdipe. Et de fait, en dépit des déclarations de modestie et de convenances de façade, nombreux sont ceux qui désirent prendre la place de Hegel : chacun entend réconcilier l'ensemble du monde en une pensée globalisante, aussi simpliste soit-elle, chacun désire poser la mobilité des termes d'une opposition afin d'en suspendre la paralysie, etc.

La figure de Hegel est endormie sous les reproches tant elle prend part au rêve de l'époque contemporaine qui ne saurait s'en passer. Et c'est la raison pour laquelle, afin de mieux se rêver en grands ordonnateurs dialectiques, les littératisants postglobaux ont décidé que soit effacée la figure de leur père dans le moment même qu'ils la reconduisent et sacralisent.

*

Tu nous ramènes aux temps immanents,
Tu nous fais rejetons de l'âge naïf.

Hölderlin
(*Hymne à la liberté*)

*

L'ontogenèse de la pensée outre-moderne, la nosologie par inspection des deux derniers siècles, je l'ai faite; et elle est dite une fois pour toutes. Nulle intention de m'attarder en ce que j'ai déjà montré, barbe de prophète à l'appui : je m'ennuierais vite en un rôle de répétiteur qui n'est aucunement le mien et qui de plein droit revient à l'assiduité du lecteur dont le souci n'est pas de se moquer de soi-même. Laissons déjà à ceux qui le peuvent le temps de digérer ce que j'ai composé, car il faudra un moment, même si glapissent les premiers écarquillements de fascination. En revanche, il paraît expédient de revenir sur les sources elles-mêmes profondes de la pensée hégélienne, qui n'a pas bondi de la tête de son auteur telle Athéna d'une migraine de Zeus. Sans Hegel, notre époque est illisible, avec Hegel elle l'est aussi. Il est indispensable de ne pas ignorer la ligne nodale qui s'est exprimée en cette œuvre, et ici non pas pour prendre distance mais pour regarder afin que toute prise de distance sache être d'autant plus sage qui advient pour nous en d'autres pages.

*

Il faut suivre d'un cœur puéril cette gracieuse empreinte ;
Mais Toi, Dieu bon, jamais je ne t'oublie.

Hölderlin
(*À Diotima*)

*

Il ne s'agit nullement de se livrer à l'un de ces exercices soporifères mettant un point d'horreur à transpirer sur la genèse historiographique d'une «philosophie», mais de faire apparaître le jeu de résonance musicale, le champ vibratoire de questions et de réponses, au sein duquel l'écriture d'une pensée a trouvé son espace.

Et c'est en cela que ma démarche, qui fut déjà mise en œuvre afin de faire paraître le champ de résonance où vibre la parole de Heidegger, et dont les fondements sont exposés en la postface de ce livre, c'est en cela que mon approche n'a pas de précédent : je ne m'intéresse en rien à l'histoire d'une pensée mais à son *inconscient musical*, à son insu poétique. Cette science parfaitement exacte parce qu'imprévisible, où j'en appelle en moi à cette symphonie qui porte la forme de l'humaine condition, n'est certes pas faite pour contenter les méticulosités de ceux que passionne cette exactitude qui n'est pas vérité mais qui se compile universitaire, et je plonge dans l'art des correspondances que nous avons reçues d'un sourcilleux Baudelaire comme d'un déboutonné Rimbaud.

*

L'air et la lumière m'environnent de leurs jeux.

Hölderlin
(*Le Loisir*)

*

Cette neuve façon de regarder penser les hommes, cette façon dont le nom constitue une incontournable époque de l'histoire quintessente et silencieuse du monde, est la *lecture contrapunctique*. *Le contrepoint est l'art suprême, la plus haute syntaxe mentale* : vérité valable pour le romancier, le poète, le musicien bien sûr, et désormais le penseur.

Le contrepoint donnera le vertige aux amateurs de savates, car il n'est pas discursif : le contrepoint est l'art des lignes mélodiques, de l'entremêlement des registres, il est la science de leur liberté, la connaissance de leur simultanéité, il est l'art des résonances, l'art de l'oreille. Mais le contrepoint ne fréquente pas cette désossante méthode de « l'intertextualité » qui nourrit l'indélicat touché des scribes contemporains. On ne me lira que si l'on est las des écritures sans apport croissant d'arborescence intime.

On ne lira cette œuvre que si l'on comprend qu'il ne s'agit pas d'y être hégélien mais de regarder ce qu'il en est de Hegel, de l'éclat propre à son lieu, de la façon dont surgit ce lieu, afin, plus tard, plus loin, ailleurs, de connaître les catastrophes attenant à ses pompes, les vicieux bouleversements de son séduisant roulis : sur un plan où il n'y a que de l'humain, le beau et le vrai ne sont pas synonymes car le premier se mêle inconsciemment à l'arbitraire de l'agréable.

*

Comme les doigts de la musicienne
Sont religieuses les cordes de ton instrument.

Hölderlin
(*Chant du Destin*)

*

Je dis : « Hegel : contrepoints ».

Parce qu'il n'y a pas une ligne de Hegel dont le sujet ne soit la mélodie qui se tisse en faisant face aux tensions vécues dans l'ambivalente et réfractaire communion de Hegel avec Hölderlin.

Nul n'a voulu prendre au sérieux la relation entre les deux hommes autrement que dans le sens d'une thématique de distraction culturelle : la coïncidence d'une amitié entre deux génies dont Schelling fût l'aigre arbitre. C'est léger… Nul n'a voulu prendre au sérieux : tous seront pris au dépourvu. L'ombre de Hölderlin plane sur l'œuvre hégélien comme l'origine anxieuse à quoi le système se demande de répondre. Et le contrepoint est là pour faire entendre cette résonance.

Il se trouve non seulement que la pensée de Hegel répond à la tension qui habite l'œuvre de Hölderlin, mais il se trouve également que dans le détail de l'œuvre de Hegel, les poèmes les moins lus et les moins connus de Hölderlin, notamment ceux du jeune poète, sont tutélairement présents.

Contrepoint, certes : entre deux œuvres dont l'une – celle de Hegel – n'a de cesse qu'elle ait répondu, estimant les résoudre mais pour les mieux dissoudre et afin en réalité de les estomper, de les effacer, de les oublier, aux tensions de l'autre – celle de Hölderlin. Le paradoxe en est continûment manifeste ; le paradoxe est lisible dans la constante oscillation hölderlinienne qui habite la coulisse hégélienne et qu'entend gommer la sérénité attachée au système achevé.

*

Surtout ne renonce pas à tes occupations littéraires.

Hölderlin à Hegel

*

Hölderlin est l'angoisse de Hegel.

Hegel s'appuiera sur maints aspects de la déchirure fondamentale que portait en soi son ami ; et l'auteur de l'*Encyclopédie* entend y édifier, aussi passionnément que patiemment, une suture de camouflage. De sorte que si l'on permet au discours des deux hommes de s'entrecroiser au sein de la réalité du contrepoint qui anime leur commune présence, l'on révèle du même coup l'ampleur de leur distance dans l'apparence de leur proximité. Et l'on ouvre ainsi l'intelligence, en une résonance neuve, à la perception de nuances inestimables, car c'est en ce qu'habituellement l'on prend pour une épaisse scolastique allemande qu'apparaît au contraire la finesse d'une acoustique poétique où se joue l'apparition d'un mode de pensée qui est encore, consciemment ou non, celui de notre monde.

Hölderlin est l'invisible angoisse de Hegel, le point aveugle de sa pensée ; et le contrepoint qui naît de cette angoisse n'a jamais interrompu la circulation de sa constitutive arborescence. Entre Hegel et Hölderlin, continuellement, une admiration et un désir, mais une ambivalence car une singulière *béance de travail*. Une attirance et une réticence dont toutes leurs lettres témoignent.

*

Se peint à mes yeux cette joie suprême : la certitude de trouver
Plus ferme et plus mûre encore
La fidélité à notre ancien pacte,
Ce pacte qu'aucun serment ne scella.
Et désormais le désir qui me portait doucement vers toi
Par-dessus les monts et les fleuves
Bavarde avec la réalité.
Aussi, bientôt, le soupir du désir annonce-t-il le désaccord…

Hegel à Hölderlin, *Éleusis*

*

L'époque s'est retournée contre Hegel, de sorte que celui qui a libéré en elle l'élan ontologique outre-moderne se voit condamné par le déchaînement des effets de sa propre doctrine.

Aussi dois-je regarder Hegel en et pour lui-même, afin de le manifester dans son éclat, comme s'il était vierge de la dynamique qu'il porte. Ces pages ne seront pas critiques, elles seront le contrepoint en œuvre dans le surgissement à soi de la pensée de Hegel ; elles seront le cœur même de la pensée de Hegel à qui voudra la connaître ; elles seront l'interprétation de sa partition sur un orchestral instrument.

*

Les peuples somnolaient, mais le Destin
Prit soin qu'ils ne s'endormissent point, et l'on vit surgir
Le fils inexorable et terrible de la nature,
L'antique esprit d'Inquiétude.
Il s'agita tel le feu qui couve au cœur de la terre,
Et secoue les antiques cités,
Comme des arbres chargés de fruits mûrissants, tel le feu qui fend les montagnes,
Qui engloutit chênes et rochers.

Hölderlin
(*Les peuples somnolaient...*)

*

Hegel est étonnamment appréhendé comme l'homme qui a glacé l'être et l'a immobilisé dans un système aussi clos qu'exigeant. Ce stéréotype est lourdement alimenté en une ère où se voit proclamée la défaite de toute pensée, où le mot de vérité fait fuir, où toute tentative d'atteindre un savoir vrai est d'avance condamnée par une tenace volonté de non-réponse s'entêtant à oublier que questions et réponses naissent néanmoins d'un même acte originaire, et qu'il convient, dès lors que l'on pense, de ne point affirmer qu'on ne peut pas penser. Quelle cohérence dans une attitude de pensée qui se vante d'avoir compris qu'on ne peut pas comprendre... De quoi ne satisfaire que ceux qui, assurément nombreux mais non moins assurément errants, sacrifient sur le profane reposoir de l'idéologie de paresse la probité requise par cette indestructible fatalité de cohérence animant tout acte de conscience : la masse des peu-jouissants refuse si facilement les nobles contraintes imposées par la Chose même, et préfère le sommeil que lui garantit la ruine postulée de la pensée, le mol oreiller du doute. Il y a le somnambulisme orgasmique de ceux qui clignent des yeux en ronflant…

Le penseur du jour est ennemi du savoir, il est misosophe. Hegel a beau identifier l'être et la mobilité, créant le cadre de futures conséquences conflagratrices, il entend en intention tout de même donner comme but à la philosophie la quête de la vérité, et il répond à ceux qui s'enfoncent dans le relativisme : « On est allé aussi loin que Pilate, le proconsul romain ; comme il entendait le Christ prononcer le mot de *vérité*, il répliqua en demandant : « Qu'est-ce que la vérité ? » dans l'état d'esprit de quelqu'un qui en aurait fini avec un tel mot et saurait qu'il n'y a aucune connaissance de la vérité. Ainsi ce qu'on a considéré de tout temps comme ce qu'il y a de plus honteux et de plus indigne, à savoir de renoncer à la connaissance de la vérité, a été à notre époque érigé en triomphe suprême de l'esprit. Le fait de désespérer de la raison était, lorsqu'on y est arrivé, encore accompagné de souffrance et de mélancolie, mais bientôt la philosophie critique a donné bonne conscience à ce non-savoir de l'éternel et du divin en assurant avoir *prouvé* que l'on ne pouvait rien savoir de l'éternel et du divin. Cette prétendue connaissance s'est même arrogé le nom de philosophie, et rien n'a été davantage bienvenu pour la superficialité du savoir aussi bien que du caractère, rien n'a été saisi par elle avec tant d'empressement, que cette doctrine de l'ignorance par laquelle précisément cette superficialité et platitude a été donnée pour ce qui a l'excellence, pour le terme et le résultat de toute aspiration intellectuelle ».

*

Prends patience, l'heure viendra, sois-en sûr,
Qui affranchira de la poussière l'âme divine.

Hölderlin
(*La Grèce*)

*

Les attaques contre l'hégélianisme s'avèrent instructives. Ainsi Schopenhauer, qui affirme : « Les hégéliens sont de longue main habitués à prendre pour une pensée philosophique le plus vide des bavardages, à traiter de finesse une sophistique misérable, et de dialectique un art puéril de déraisonner ; à force d'accepter les combinaisons les plus insensées de termes contradictoires, où l'esprit se torture et s'épuise inutilement à découvrir un sens intelligible, ils en sont arrivés à se fêler le cerveau. Ce n'est pas d'une critique de la raison, d'une philosophie qu'ils auraient besoin, mais bien d'une *medicina mentis*, et d'abord, en guise de purgatif, d'*un petit cours de sens-communologie* ». L'auteur reconnaît parfaitement ne rien entendre à la philosophie hégélienne, comme le montre sa solidarité avec ceux qui se « torturent l'esprit à découvrir un sens » aux propositions du système. Et il en appelle également au sens commun contre le sens que pût revêtir la philosophie spéculative…

Schopenhauer ignore ici combien malgré lui il travaille à faire ressortir l'originalité de la symphonie hégélienne.

Hegel juge que la vérité est vivante au sens de la mobilité et de la complexité présentées par le spectacle de la vie, et qu'il est donc naturel que le sens commun, qui pense uniquement d'après les formes rigides et les conventions de l'entendement courant, n'y voie que contradiction. En en accusant la singulière linguistique, Schopenhauer constate malgré qu'il en ait la nouveauté d'un regard et la radicale irréductibilité d'un mode de penser intégrant au langage l'épaisseur de mobilité du vivant extérieur, l'irréductibilité d'une nouvelle doctrine à tout mode de compréhension qui suivrait les catégories du sens commun en général. Plus Hegel paraît illisible, plus il est proche de ce qui est lisible sans lecture : plus se donne lieu la conscience de soi de la mobilité vivante, plus le langage voit en Hegel mouvoir ses figures.

*

Il nous est donné
De n'avoir nulle part le repos
Comme l'eau projetée
De récif en récif.

Hölderlin
(*Chant du Destin*)

*

Traditionnellement, l'être peut s'envisager de deux façons différentes.

Il est d'abord l'être en tant qu'être, objet de la philosophie première, l'étant pris dans toute sa concrétude ; d'autre part, il est ce qui fait qu'un étant est cet étant, sa substance ou son essence, il est ce qui demeure identique derrière ou dans un étant, autrement dit il est l'identité immédiate d'un étant à soi-même. Ainsi donc, l'identité formelle et abstraite à l'œuvre dans l'entendement coïncide avec une définition de l'être comme substance permanente derrière le visible perpétuellement changeant.

Cependant, Hegel bouleverse la position de la métaphysique traditionnelle en soulignant la prégnance d'un schème vitaliste inhérent à l'être. Dès lors, il devient impossible de penser l'être avec les catégories de la logique formelle et de l'appréhender à l'aune d'une identité immobile qui le fixerait comme essence et principe stable du devenir; car lors l'être *est* justement *devenir*.

L'abstrait et le concret se voient intégralement redéfinis. Le couple abstrait/concret est réaménagé de manière fondamentale par la pensée hégélienne. Hegel pense chacun de ses aspects de sorte que l'on ne puisse en aucune façon réduire leur articulation, comme le font les représentations coutumières, à celle d'un binôme qui opposerait le vide et le plein. Chez Hegel, est abstrait ce qui a été soustrait de la totalité et fixé en une détermination précise excluant de soi la détermination contraire. L'abstraction est donc ici un acte, un devenir, et non un état; elle est un abstraire. En ce sens, ce qu'il arrive au sens commun de nommer parfois et habituellement « concret » n'est de ce point de vue qu'une abstraction : par exemple, les sensations brutes et particulières auxquelles l'empirisme accorde toute vérité, sont abstractions puisque l'entendement qui leur donne cette vérité refuse de prendre en compte la totalité qui est nature *et* esprit, universel *et* particulier. L'abstrait et le concret doivent être pensés en régime de totalité, ils caractérisent l'un et l'autre les deux attitudes possibles face à cette totalité : est abstrait ce qui est arraché et isolé du tout puis constitué comme principe vrai. Dogmatisme et empirisme sont tous deux abstraits, le premier parce qu'il place le vrai dans l'intellect coupé de toute relation vivante à soi, le second parce qu'il le situe dans la sensation brute, tous deux en ce qu'ils donnent la primauté à un terme isolé du mouvement concret qui caractérise la totalité vivante. Pour Hegel, seul le tout est concret, soit la somme des abstractions.

Le concret (du latin *concrescere*, croître ensemble) est ce qui possède en soi-même la totalité vivante des différentes déterminations, et qui possède ainsi en soi-même la dynamique de son propre développement : il est la condition de possibilité de la progression dialectique d'une détermination vers son autre, fondement qui n'apparaît qu'à la fin du processus comme ce qui s'est développé, retrouvé et a pris conscience de soi à travers ce processus même. Par, exemple, l'être pur est abstrait, le néant est abstrait, mais le devenir, unité en advenir de ces deux précédents pôles, est concret. Il convient de bien saisir l'abstrait et le concret selon le sens relationnel de la totalité, et non au sens courant qui, confondant ces deux notions avec le vide et le plein, et repris par un certain traditionalisme philosophique, se trouve condamné à se demander comment, dans la philosophie hégélienne, la somme de deux abstractions peut finalement donner un être concret (c'est-à-dire une plénitude la somme de deux vacuités).

*

« Les dissonances du monde sont comme les querelles des amants. La réconciliation habite la dispute, et tout ce qui a été séparé se rassemble. Les artères qui partent du cœur y reviennent : tout n'est qu'une seule vie, brûlante, continuelle. »
Ainsi pensais-je...

Hölderlin
(*Hypérion*)

*

Si Hegel n'avait pas constamment les yeux fixés sur le monde mouvant qui l'entoure, ni le souci de ne jamais suspendre l'expérience, il serait plus facile à lire. L'exigence de totalité remplit sa recherche verbale d'un effort inédit. Sa pensée entend ne plus évoluer dans des sphères qui sont celles d'une logique auto-suffisante mais dans un élément incluant la rugosité des oppositions dialectiques comprises par le réel en sa globalité : pour Hegel, la pensée n'est lisse que soustraite à la réalité, autrement dit abstraite, amputée d'une part ou de l'autre des aspects contradictoires de la totalité : alors elle est aussi légère qu'un rêve. Hegel veut que la pensée soit lourde afin de porter ce qu'il croit être le réel, c'est-à-dire le vivant tel qu'il l'aperçoit. Cette présupposition ne sera plus jamais omise par la philosophie et deviendra l'inconscient postmoderne.

Si la pensée hégélienne semble parfois si aride, si contradictoire ou si empêtrée, c'est justement parce qu'elle l'est; c'est parce qu'elle met sa dignité à considérer que tomber dans l'épaisseur du temps est à l'image de la vie, que la pensée n'est vivante que si la vie est mourante, selon cette définition de la vie dont elle a fait son essentiel objet, se séparant de la richesse propre à la notion de Substance qu'elle calomnie par la fonction de Sujet sans pour autant regarder du côté de la Personne – laissant à Nietzsche, Husserl et Heidegger un héritage dont ils ne parviendront point à mesurer l'impensé à sa juste mesure.

Les caractéristiques de la langue hégélienne ne sont pas accidentelles, mais obéissent à des décisions profondes et à de précises motivations ontologiques : l'écriture de Hegel n'est pas difficile parce que trop abstraite, mais au contraire parce qu'elle est fanatiquement concrète.

*

Je m'écrie :
« Ô vie universelle !
Tu ressembles à une forêt sacrée. »

Hölderlin
(*Le Loisir*)

*

Accordons-lui qu'une fois comprises les présuppositions sur quoi reposent ses efforts – « penser la vie » au sens précis où la vie est celle de l'objet –, la clarté de la langue hégélienne apparaît de manière incontestable dont on ne sût médire sans injustice.

De sorte qu'on lui appliquerait aisément ces mots que Valéry prononce sur l'un de ceux, Mallarmé, que l'ignorance controuve d'intérêt de se refuser à lire comme l'un des grands hégéliens déclarés de l'histoire littéraire : « On l'accusait d'obscurité, reproche que s'attirent toujours les esprits les plus clairs, qui ne trouvent pas ordinairement leur clarté dans l'expression commune. Sa conception le conduisait nécessairement à envisager et à écrire des combinaisons assez éloignées de celles dont l'usage commun fait la « clarté », et que l'accoutumance nous rend si faciles à entendre sans presque les avoir perçues. L'obscurité qu'on lui trouve résulte de quelque exigence par lui rigoureusement maintenue, à peu près comme dans les sciences il arrive que la logique, l'analogie et le souci de la conséquence conduisent à des représentations bien différentes de celles que l'observation immédiate nous a faites familières, et jusqu'à des expressions qui passent délibérément notre pouvoir d'imaginer ».

La pensée de Hegel, habituellement présentée comme un cercle de cercles, est à concevoir bien plus profondément si l'on veut y pénétrer selon les résonances propres à nos vastitudes oubliées, un ample Contrepoint de contrepoints.

Les réverbérations offertes par l'espace musical ouvrent le cœur des doctrines philosophiques d'une façon jusques alors ignorée. Il est temps de percer les nuées dont on afflige les tympans intellectuels. On ne lira la parole des figures pensantes qu'au creux d'oreilles plongées dans une intimité inconnue.

Le contrepoint d'une fugue se construit musicalement à partir d'un thème énoncé nu, le *sujet*. Une fois exposé, le sujet est immédiatement répété mais transposé, il se suit lui-même en une autre tonalité, et c'est la *réponse*. Tandis que la réponse reproduit une métamorphose du sujet, un accompagnement la soutient de son harmonie : le *contre-sujet*. L'arborescence s'éploie et parvient au *développement*, dans lequel le sujet s'enchevêtre à toutes ses propres possibilités et se démultiplie en de nombreuses voix qui sont à la fois lui-même et l'expression des virtualités qu'il contient. À la fin toutes les voix se resserrent en un moment de récapitulation harmonique : la *strette*.

« On l'accusait d'obscurité, reproche que s'attirent toujours les esprits les plus clairs, qui ne trouvent pas ordinairement leur clarté dans l'expression commune. » Écoutons donc Hegel au contrepoint de cette obscure clarté qui de nulle étoile tombe.

Considérer ces pages, c'est entendre, le long des vers, se murmurer le monologue dissolu qui répond à une lecture, la traverse, la soutient d'un contrepoint plus ou moins étroit, l'accompagne continûment du discours d'une voix seconde, qui parfois éclate.

Valéry, *Variétés III*

FUGUE

CONTRAPUNCTUS I

SUJET

« Le courage de la vérité, la foi en la puissance de l'esprit sont la première condition de l'étude philosophique ; l'homme doit s'honorer lui-même et s'estimer digne de ce qu'il y a de plus élevé. De la grandeur et de la puissance de l'esprit il ne peut avoir une trop grande opinion. L'essence fermée de l'univers n'a en elle aucune force qui pourrait résister au courage du connaître, elle doit nécessairement s'ouvrir devant lui et mettre sous ses yeux ainsi qu'offrir à sa jouissance sa richesse et ses profondeurs. » En ces quelques lignes issues de son allocution de 1818 pour le début de ses cours à Berlin, Hegel présente donc l'activité philosophique comme un effort assumé vers la vérité. Celle-ci ne pourra être atteinte qu'au prix de cet effort. Mais au commencement, aucun indice ne nous est donné sur son existence que l'inaliénable et indestructible désir du vrai, l'appel d'une aimable loi par-dessus nos têtes.

*

La plus chère proximité est condamnée à un jeûne perpétuel.
Ce que nous aimons ne nous est projeté
Et ce que nous savons ne nous est accessible
Que comme une ombre.
Avec les rêves dorés de ma jeunesse,
Est morte pour moi l'amitié de la Nature.
Pauvre cœur… Dans ces jours de bonheur
Jamais tu ne t'es senti aussi loin de ta Patrie vraie ;

Tu auras beau t'enquérir, tu ne la retrouveras pas;
Qu'il te suffise de la recueillir dans l'éclair de la vision.

Hölderlin
(*À la Nature*)

*

C'est l'imprescriptible besoin de vérité, gisant au cœur d'homme et transparaissant comme forme même de la moindre affirmation, c'est l'aspiration continuelle et plus originaire que le moindre de nos actes, qui, libérée de toute mauvaise conscience, et réorientée par Hegel selon une dynamique singulière, apparaît ne devoir rationnellement voir aucune contradiction à ce que la vérité puisse se manifester puis constituer finalement le milieu en lequel l'humain trouvera satisfaction, puisera l'éternelle jouissance d'une adéquate habitation ontologique, parviendra à la conscience de son être-chez-soi.

*

Il n'est pas né pour le joug
Le génie sublime qui nous vient de l'Éther.
Il descend vers nous; il se plonge, il baigne
Au torrent du siècle.

Hölderlin
(*Le jeune homme à ses sages conseillers*)

*

Hegel montre dans la *Préface* des *Principes de la Philosophie du Droit* que si Dieu confie une charge à quelqu'un, Il lui donne aussi la capacité de l'exercer.

La difficulté consiste à redécouvrir la pureté de cette aspiration quintessente – Hegel lui-même y parvient-il… – de ce désir fondamental que nous avons grevé de toutes sortes de présupposés qui l'empêchent de se contempler dans son être propre. Avant d'être pour ainsi dire autorisée à aller au bout d'elle-même, cette aspiration doit trouver la vérité de sa consistance, faire l'objet d'une purification intérieure, afin de ne pas traîner derrière elle d'alourdissants préjugés qui dénatureraient la vision qu'elle prend de soi. Hegel essaye cet assainissement de la conscience commune afin que les réflexes de celle-ci ne déforment point son essence et pour que dès le commencement du désir de penser ne soit pas démentie sa fin. Il s'agit de ne pas s'interdire de cheminer vers ce dont il est question et que Hegel nomme « la Chose même » – la *Sache* dit l'allemand.

Gardant présent à l'esprit avec Héraclite qu'« il y a pour les éveillés un monde unique et commun, mais que chacun des endormis se détourne dans un monde particulier », il convient pour Hegel de revenir aux sources purificatrices du projet pensant afin qu'aucun des tics caractéristiques de l'opinion commune ne vienne interpoler le moindre mirage ni le moindre obstacle au sein de la relation que le désir de penser entretient avec son but.

Ce but est « la Chose de la pensée ». En allemand, il ne s'agit pas de confondre la Chose (*Sache*) avec la chose (*Ding*). La *Sache* signifie l'affaire qui est en question (au sens où l'on parle d'une affaire judiciaire, par exemple) ; la *Sache* c'est le litige, c'est ce qui pose problème. Dans la tradition de la pensée allemande jusques à Heidegger inclus, la « Chose de la pensée » (*die Sache des Denkens*) constitue ce qui interpelle la pensée, ce qui pour elle est un obstacle, ce qui provoque son étonnement et engrange de fait les multiples entreprises de l'acte philosophant. À la Chose de la pensée on répond par une pensée de la Chose. Ce qui fait question engendre le questionnement. La Chose n'est pas une chose au sens banal, un objet particulier, mais c'est bien plutôt un élément dont il faut ressaisir le fonctionnement – chez Hegel c'est le tout lui-même.

Cette unitotalité est le problème que se donne pour fondamental la pensée immanentiste de Hegel – la totalité vivante, cette grande affaire (*Sache*) qui stimule l'*affairement* de la pensée.

La *Sache* n'est donc pas la chose particulière, ni la chose en soi kantienne, que l'on saisit toujours dans une certaine fixité, mais plutôt la vie de cette chose particulière, cette mobilité qui dérange les règles de fixité de l'entendement. À la fin du cheminement de la conscience, le totalité vivante – la Chose – qui requiert la pensée est comprise comme le penser lui-même ; le penser voit alors dans la tension de la Chose sa propre tension. « Ce qui importe c'est la Chose et non le bon plaisir de la personne », dit Hegel, car la Chose ne relève pas d'une opinion particulière de tel philosophe, mais, en tant qu'elle est le tout lui-même qui fait question, la Chose constitue la preuve que le philosophe qui la prend pour cible prétend écarter de lui toute présupposition et possède la volonté non seulement de ne pas construire une philosophie de plus, mais aussi de ne s'*affairer* qu'à ce qui est digne à ses yeux de se constitue depuis toujours comme *affaire* pour la pensée autrement dit, *de facto*, comme substrat commun de toutes les doctrines pensantes de toutes les époques. Quand on s'arrête à quelque chose (*Ding*), on cesse de s'abandonner au tout (*Sache*). Ce constant souci de la Chose, soit l'absence de présupposition, la continuelle préoccupation qui se tourne vers le tout, ce devant quoi s'efface l'arbitraire de la subjectivité, permet à Hegel d'affirmer qu'il ne dresse pas « une » philosophie (particulière), mais bel et bien « la Philosophie », car, dit-il au seuil de l'*Encyclopédie*, « en tant que je pense, je renonce à ma particularité subjective, je me plonge dans la Chose, je laisse faire la pensée pour elle-même, et je penserais mal si j'ajoutais quelque chose qui vînt de moi ».

I. *Sujet* – Intellectus Purgatorium

« Ceux qui montent vers les sanctuaires des temples, dit Plotin, doivent se purifier, quitter leurs anciens vêtements, et y monter dévêtus ». Demeurons attentifs à ce mot d'ordre afin de saisir ce qui se joue en silencieuse ouverture du propos hégélien : un moment de purification de la connaissance, une phase de libération de la conscience dans la relation qu'elle entretient avec soi. La pensée de Hegel commence dans le recueillement d'un affranchissement de l'âme confrontée à tous les réflexes dualistes des doctrines dites de « la représentation », toutes ces philosophies qui sans raison autre que l'habitude ou la justification de l'habitude scindent en deux univers le sujet et l'objet, l'intellect et le monde, la pensée et la chose en soi. Les préjugés qu'imposent les réflexes dualistes des doctrines de la représentation où l'objet est un *Gegen-stand* qui fait irréductiblement face au regard qui l'envisage sans jamais que soit interrogé le champ même au sein duquel est rendu possible son phénomène (*Erscheinung*), ces préjugés représentatifs occultent d'emblée l'objet et en interdisent par principe tout accès. Entrer dans la pensée hégélienne c'est d'abord comprendre qu'elle dépasse les présuppositions des doctrines décrétées par les visions arbitrairement dualistes du monde ; demeurer dans la fausse neutralité de ces doctrines si pleines d'inutiles et anophtalmes ajouts, c'est pour Hegel s'empêcher de penser, et pour toute personne qui veut entendre quelque chose à Hegel s'interdire l'accès à la compréhension de la moindre de ses phrases. La démarche hégélienne est précisément consacrée à révéler ce qui subsiste lorsque l'on a débarrassé la conscience commune des présupposés à l'œuvre dans les doctrines de la représentation, qui opposent et séparent le moi et le monde au lieu de les articuler – doctrines qui se sont tout particulièrement exprimées chez Descartes ou Kant.

*

Tu es plus que moi en accord avec toi-même.

Hölderlin à Hegel

*

Les présuppositions des philosophies de la représentation, dont Schopenhauer sera l'hoir dénué d'esprit critique, tous ces préjugés concernent l'individualité réflexive dans son rapport au monde. Leur cause principale est l'orgueil du sujet réfléchissant, qui devient ainsi la première victime d'une trop grande et fortement handicapante centration sur soi dont la concentration interdit la pleine éclosion de l'objet en une libre relation avec le sujet : aucune parole n'est accordée aux choses qui s'adressent cependant et seulement en elles-mêmes à l'écho résonant à l'intime de la personnalité ; le verbe accordé au monde est assourdi. Crispé sur lui-même, le sujet particulier transporte en dehors de lui les caractéristiques qui lui sont propres et qui n'appartiennent pas à la chose.

C'est donc à une révolution authentiquement copernicienne que Hegel entend convier en resituant le sujet pensant à sa juste place dans l'ordre ontologique et la hiérarchie universelle. La révolution kantienne, qui se proclamait copernicienne et que tous croient telle, l'est en réalité excessivement peu au regard de celle opérée par Hegel ; la « révolution » de Kant prend même la dynamique copernicienne à total contresens : si Copernic a en effet désiré de faire l'hypothèse d'une décentration de l'homme dans l'univers afin de pouvoir mieux rendre raison des phénomènes astronomiques, est bien peu fidèle à ce message celui qui veut mettre l'objet en orbite autour du sujet afin de le mieux saisir… Il ne serait guère marginal – et pourtant qui le fait… – de se demander si la leçon de Copernic a bien été entendue par ceux qui, à la manière de Descartes ou de Kant, ont lié leur destinée à celle de l'idéalisme subjectif. Car l'esprit de Copernic, c'est la décentration du sujet, son ouverture à un monde qui le dépasse et l'englobe, le refus d'une certaine crispation égotique.

*

Le repos me semble sans charme.
Le danger suscite les forces de l'homme.

Hölderlin
(*Le Laurier*)

*

La réflexion cartésienne ou kantienne est une sorte de réflexe de la conscience naturelle face à l'inquiétant foisonnement et à la vivante multiplicité du monde, c'est pour Hegel le geste angoissé de l'humain refusant d'adopter la voie d'inquiétude par laquelle il épousera le mouvement vital qui l'entoure, ce que Hegel nomme par ailleurs « la négativité » et qu'il identifie à la structure ouverte propre à la subjectivité. La subjectivité d'un moi qui se replie sur soi calcule d'éviter la confrontation avec l'épaisseur de la réalité. Et, sans contact effectif avec le monde, comment l'intelligence pourrait-elle prétendre à le connaître, demande l'auteur de la *Phénoménologie de l'esprit*?

De ce péché originel de la spéculation, le repli sur soi, provient pour Hegel l'ensemble des préjugés qui ferment l'accès à l'objectivité. L'homme refermé sur soi et enfermé dans sa subsistance par soi est d'emblée placé en opposition avec ce monde qu'il veut comprendre. Et de ce fait, comment pourra-t-il réunir ce qu'il a d'emblée posé comme étant toujours et déjà séparé ?

*

Ce avec quoi ils sont en relation le plus continûment de cela ils s'écartent, et les choses qu'ils rencontrent chaque jour, ces choses-là semblent leur être étrangères.

Héraclite

*

Une fois prisonniers de l'ordre « représentatif » des choses, d'un tel ordre dualisant posé par les doctrines de la représentation, les conclusions s'enchaînent selon lesquelles nous ne pouvons parvenir à une connaissance objective de l'être ou de la chose en soi : notre connaissance ne peut atteindre le réel, dira-t-on, elle reste enfermée dans ses propres structures et n'est objective que dans l'ordre des phénomènes, poursuivra-t-on, autre-ment dit dans la limite de ses propres catégories, conclura-t-on. Dans ce contexte, la pensée ne peut connaître que l'objet qu'elle construit selon ses propres termes, sans jamais parvenir à évacuer le spectre d'un inconnaissable, celui-là même qu'elle alimente très-artificiellement et soigneusement. L'on se retrouve évidemment partout face à la séparation opérée dès le départ. Le rapport de l'homme à la réalité est postulé comme non originaire dès le lancement de l'activité de pensée, et en outre, dans le criticisme kantien, cette relation non originaire devient la condition même de la mise en œuvre de la connaissance, puisque c'est le choc provoqué par une chose en soi totalement extérieure qui permet la mise en œuvre d'une unité de synthèse active où sujet et objet se répondent mais au sein seul du sujet, une unité sujet-objet qui n'apparaît dès lors que subjective. Comment connaîtrais-je le monde si d'emblée, demande Hegel, je me refuse à lui ? Ce pourquoi Hegel éduque progressivement l'esprit aux inconséquences et difficultés posées par les préjugés dualistes de la conscience immédiate.

Tandis que Kant se trouve satisfait d'avoir délimité « l'îlot de la vérité » qu'entoure un océan sur lequel il refuse de s'aventurer, emprisonnant le champ de la connaissance au sein de la robinsonnade criticiste, Hegel embarque la conscience pour une odyssée surmaîtrisée à la surface de l'abîme.

*

Quand ainsi qu'une légende
S'effaça de ma vie la beauté,
Quand je me retrouvai indigent et aveugle,
Quand le poids du jour m'écrasait,
Et que ma vie froide et blême
Déjà allait déclinante,
Au muet royaume des ombres,
Alors, du sein de l'Idéal,
Et comme descendant du ciel,
Me revinrent force et courage.
Tu apparus radieuse,
Image divine, dans ma nuit !
Quittant le port muet, pour te rejoindre,
Je lançai de nouveau ma barque endormie
Sur l'azur de l'océan.

Hölderlin
(*Diotima*)

*

La chose en soi kantienne reluit de problématiques inutiles. La notion d'une réalité extérieure au-delà du contenu de la conscience se révèle sans signification et participe du même schéma représentatif et dualiste que celui que les philosophies dogmatiques emploient à propos de la vérité des essences et idées. Une chose en soi connue comme non connaissable est bien évidemment une contradiction. L'on y imagine toutes sortes de propriétés inconnues que pourrait posséder cette « chose en soi », alors qu'elle est avant tout et tout simplement une pensée, elle n'est même rien d'autre que cela : il n'y a de chose en soi que pour la pensée, et elle ne peut être saisie par aucune autre faculté (sensation, imagination). Une ignorance consciente n'est plus une ignorance s'il est vrai que, comme le dit Bachelard dans la *Dialectique de la durée*, « on ne voit pas plus une ignorance qu'on ne voit les ténèbres ». Il n'est pas difficile de savoir ce que constitue cette énigmatique chose en soi en quoi le kantisme a provoqué des générations de masochistes spéculatifs : la chose en soi kantienne n'est rien d'autre qu'une pensée vide, une pure abstraction, un *noumène* (chose pensée) privée de son contenu empirique. Mais, la chose en soi n'en est pas moins régie par la vie de la totalité, et comme le dit Hegel, en jouant sur la double signification de l'expression « *an sich* », la chose en *soi* n'est que chose *en* soi. Positivement, l'en-*soi* est la substance qui se tient identique à soi derrière les accidents, mais négativement, l'*en*-soi est ce qui se tient *à même soi*, ce dont l'essence est de se développer et qui ne l'est pas encore (« à même soi » implique un infinitésimal écart avec soi-même, un écart non encore creusé ni parvenu à la mise à distance du pour-soi, c'est à dire du face-à-soi). Cette chose en soi est l'Absolu en l'état d'identité abstraite soit non encore entrée en développement.

Bien loin de s'avérer aussi modeste qu'elle le dit en revendiquant sa constante opposition à ce qu'elle appelle le « dogmatisme », l'attitude kantienne, lorsqu'elle affirme sans retenue l'irrémédiable scission entre la chose en soi et le phénomène, ne laisse pas de porter un très-précis jugement sur cette même chose en soi car elle affirme alors la rigoureuse séparation de celle-ci, tandis même qu'elle annonce simultanément qu'il est impossible de prononcer sans contradiction quoi que ce soit sur cette même chose en soi censée demeurer au-delà de toute connaissance objective. C'est dire beaucoup et c'est même tout dire que se permettre de conclure ultimement sur le statut d'une réalité au point d'en juger l'inconnaissabilité : c'est en connaître l'inconnaissabilité, c'est en concevoir quelque chose d'assez consistant pour en mesurer l'écart. Présomptueuse modestie donc : « si on veut dire que l'homme est trop peu pour mériter la communication avec Dieu, il faut être bien grand pour en juger », écrit imparablement Pascal, invalidant la méthode critique en en soulignant prophétiquement les contradictions avec plus d'un siècle d'avance.

En affirmant cette existence totalement séparée et cette subsistance en régime complet d'altérité, l'attitude kantienne affirme bien quelque chose de la chose en soi, elle se prononce bien sur l'être de cette chose ; elle ne fait au fond, dit Hegel, que projeter la structure dualisante de la « pensée d'entendement » sur le monde. L'entendement (*Verstand*) est un terme bien précis du vocabulaire hégélien : il dénonce la pensée qui ne s'ouvre pas à la vie ni à cette mobilité qui selon Hegel la sous-tend, la pensée qui refuse la totalité vivante, qui refuse de voir la négativité propre à la subjectivité dont le comportement est initialement en rapport avec l'extériorité de l'objet. La « pensée d'entendement » est la pensée prisonnière du principe de stricte identité, dont l'immédiat corollaire est le principe de non-contradiction (la fusion de ces deux principes donne la formulation suivante : « *il est impossible qu'en un même instant une chose soit et ne soit pas* », qui interdit à la pensée l'expression de la mobilité du monde vivant).

*

L'Attique, la géante, est tombée !
Sur les tombeaux des anciens enfants des dieux,
Dans les ruines des palais de marbre,
Couve un continuel silence de mort.

Hölderlin
(*La Grèce*)

*

L'attitude kantienne applique continuellement les schémas identitaires de l'entendement : chose en soi contre phénomène, concept contre intuition, caractère intelligible contre caractère sensible, etc. Elle absolutise la sclérose des séparations, ce qui pour Hegel fait tomber la pensée dans la paralysie. Lorsque Kant affirme la modestie et la retenue de la philosophie critique, c'est donc fondamentalement et secrètement son dogmatisme qui parle, un dogmatisme incapable de penser ensemble des termes que la vie unit à tous les instants. Ce dogmatisme est tout naturellement issu de cette crispation sur soi du sujet qui refuse toute ouverture à l'autre, cette contraction d'un moi si empêtré dans ses présupposés qu'il ne possède même pas la conscience de soi qui l'éclairerait sur son comportement et lui révélerait que ses pulsions insulaires sont à l'origine de la coupure radicale qu'il croit découvrir après coup entre lui et les choses alors que cette déchirure lui est un axiome.

Pour Hegel, le rapport à soi est toujours en même temps rapport à l'autre : l'acte de repli sur soi et le désir de demeurer dans son intériorité sont le résultat d'une thèse définitive portée sur l'extériorité, autrement dit, de la part du sujet, d'une extériorisation de ses propres structures fixatrices. Qu'il le veuille ou non, malgré qu'il en ait, le sujet est rapport à l'objet, être-en-relation, et lorsqu'il considère le monde comme hostile, cela peut tout autant signifier que c'est lui-même qui, comme sujet, se fait en réalité hostile au monde : « aussi indépendante est la conscience, aussi indépendant est en soi son objet », dit Hegel dans la *Phénoménologie de l'esprit*.

*

Le soleil de l'âge d'or s'est couché
Et dans la nuit glaciale hurlent les ouragans en querelle.

Hölderlin
(*À Diotima*)

*

Hegel se réapproprie le processus d'action réciproque au sein d'un même champ d'immanente manifestation.

Toute thèse du moi sur soi-même est dans le même temps et nécessairement une thèse du moi sur le monde. Le moi s'est placé en dehors de lui-même, il s'est rapporté à l'autre, a dû se prononcer sur lui – et ainsi, d'une certaine manière, le faire sien dans l'altérité – pour revenir en soi plein des richesses de l'extériorité. Il a dû s'extérioriser, se perdre, s'aliéner, pour mieux se retrouver. L'extériorisation est ainsi nécessaire à toute intériorisation.

Aussi, lorsque l'on a dit qu'elle demeure le toujours autre, l'on s'est bien et adéquatement prononcé sur la chose en soi : l'on a objectivé (ou extériorisé) une pensée d'entendement, le moi a transporté son propre égoïsme en dehors de soi et se l'est mis sous les yeux dans la figure d'un univers fermé à sa connaissance.

Est entrée en présence la réalité d'une action réciproque entre sujet et objet, action qui révèle implicitement la rémanence d'une négativité plus profonde que le sujet particulier : c'est, simultanément, parce qu'il est centré sur lui-même que le sujet se coupe de la réalité mondaine, et parce qu'il se sépare de cette réalité qu'il se replie sur soi. Tout rapport à soi est rapport à l'autre, tout rapport à l'autre est rapport à soi : la déconstruction des préjugés de la conscience commune est ainsi en même temps une désobstruction des principes dynamiques qui la sous-tendent.

Apparaît déjà l'un des thèmes fondamentaux de la *Phénoménologie de l'esprit* : la conscience ne voit hors d'elle (consciemment ou non) que la structure de sa propre intimité. Mais la conscience commune n'a pas encore atteint cette perspicacité, elle ne se connaît pas comme ouverture ; le seul rapport d'ouverture à l'autre est déjà fermeture ; son ouverture n'est pas sue : elle agit, certes, mais ne fait que transmettre la fermeture. Le moi reste ainsi doublement enfermé : en lui-même et hors de lui-même. Il ne véhicule que son atomisme. Il ne projette et ne voit partout que son propre cloisonnement. Or, pour Hegel, ce n'est que lorsque l'humain, ayant renoncé à faire de son moi un terme de référence, s'est laissé absorber par la mobilité vivante, qu'il est susceptible de devenir le théâtre d'une fidèle manifestation du réel. L'individu ne peut ici connaître le monde que dans la mesure où il s'abandonne à l'exprimer, dans la mesure où il s'est laissé comprendre par lui – en régime donc d'immanence. Il faut ainsi laisser le moi se fondre dans le mouvement même de la dynamique propre à la vie, ce qui revient à l'éveiller à sa propre négativité interne et non à le refermer sur lui-même en des termes qui ne sont pas ceux de son essence intime – qui est ouverture et être-en-relation.

*

S'élevant au clair de lune, voici les colonnes brisées,
Et les portes des temples que frappa jadis le dieu terrible,
Le démon caché du désordre qui fait rage et bouillonne
Au cœur de la terre et parmi les hommes, l'indompté, le conquérant d'autrefois.
C'est lui qui déchire les villes comme des agneaux, qui jadis escalada l'Olympe,
Qui s'agite au cœur des montagnes et crache le feu,
Qui déracine les forêts et bouleverse l'océan,
Brisant les navires ; et cependant
Jamais il ne t'a fait manquer à l'ordre éternel, il n'a jamais effacé
Un seul signe sur la table de tes lois, car c'est aussi ton fils, ô Nature,
Né avec l'esprit d'ordre, et d'un même sein.

Hölderlin
(*Le Loisir*)

*

En dépit de la singularité de sa capacité à l'abstraction, en dépit du sceau de différence qui est sur lui, couper le moi du réel c'est pour Hegel faire de l'homme une sorte d'empire dans un empire, et s'interdire d'emblée tout chemin de compréhension qui conduise à sa nature. Faire comme si le moi et la pensée n'étaient pas fondamentalement en unité avec le monde est méthodologiquement un non-sens, même si la teneur de cette unité reste à déterminer. Hegel choisira de considérer que le moi et la pensée sont *dans* le monde et déploiera un régime d'immanentisme dialectique.

Aussi dans ce cadre n'avons-nous plus guère le choix : nous devons assumer que nos esprits, bien qu'en partie maintenus dans l'intégrité de leur teneur et loin de tout matérialisme, sont des parties et des produits d'un monde traversé par un mouvement logique qui dépasse le monde. Il y aurait préjugé à ne pas constater que nos esprits imposent un ordre à l'expérience. Nos esprits ne pourraient aucunement être les membres d'un monde chaotique, car celui-ci est par définition entièrement dépourvu d'ordre. Aucune activité ordonnatrice ne peut émerger d'un chaos, même par accident. Si une activité ordonnatrice apparaît, elle ne peut avoir lieu que si le principe d'ordre est déjà implicitement contenu en ce dont cette activité a surgi. L'esprit et la chose sont par conséquent en unité, ce qu'a oublié la conscience commune qui, la vue obstruée par les préjugés d'une subjectivité formaliste et dualiste, ne parvient pas à s'éveiller au destin commun de l'homme et du monde. « Un coup les crée tous les deux », écrit Hegel dans un aphorisme d'Iéna; seule l'imparfaite philosophie « est la crainte de s'enfoncer dans la *Chose*, voulant toujours aller au-delà de celle-ci et retourner en soi même ».

Ainsi, celui qui ne s'écoute pas soi-même mais le Tout, celui-là reconnaît, comme le dit Héraclite, que tout est un. C'est dans cette unité qu'il s'agira maintenant de comprendre la relation de la pensée et de l'être, du sujet et de l'objet, dans leur différence. « Les questions auxquelles la philosophie ne répond pas, indique Hegel, se voient ainsi répondre qu'elles ne doivent pas être formulées ainsi » : là où une inconséquente dualité a été partout instaurée par une pensée crispée sur elle-même et réduite à l'entendement, doit être mise en évidence l'unité des éléments distincts. Cela ne peut avoir lieu que si l'on resitue le sujet de la représentation (moi-même comme être vivant et pensant) à sa juste place dans le Tout.

*

Tu as l'entendement et le cœur en un même tout ? Montre-nous l'un ou l'autre :
On les condamnerait tous deux si tu les montrais ensemble.

Hölderlin
(*Bon conseil*)

*

Notre conscience coutumière a l'habitude de placer le sujet au-dessus des formes logiques dont il a conscience. S'enfermant en ses manies de facilité, elle en fait un contenu trivialement et sommairement psychologique, de la même façon qu'elle place le sujet à peine un cran au-dessus des sensations, reléguant l'énergie spirituelle à quelque variante de cette fade théorie de « l'âme-harmonie » qu'Aristote déjà dépassait sans nulle peine. L'erreur se présente comme le chemin le plus aisé, l'erreur est lieu d'aisance. Aussi toute forme se trouve-t-elle dotée, aux yeux de l'opinion commune, du même degré d'être qu'une impression sensible : le sujet semble disposer d'une réserve de formes qu'il mettrait selon les besoins au service des différentes tâches que par sa pensée il s'efforce d'accomplir. Le sujet est conçu comme disposant librement de ces formes. Mais il y a là non seulement contre-sens sur les formes, mais également insuffisante compréhension de la sensation.

La conscience commune devrait en effet aller jusqu'au bout de sa comparaison entre le contenu de la sensation et le contenu de l'intellection – qu'elle prétend seulement psychologique. Le contenu de la sensation n'est pas dans un premier temps quelque chose dont je dispose mais quelque chose que je subis, même si je peux ensuite utiliser ce contenu dans la représentation. De même, si les formes sont considérées sur le mode d'être des sensations, l'on devrait en toute rigueur assister au renversement naturel de cette thèse ; le caractère passif de tout acte de sensation devrait être souligné et le sujet réfléchissant se trouver finalement et parallèlement en dessous des formes logiques – les subissant. Le sujet pensant, qui a continuellement tendance à se croire maître de ce dont il n'est que le dépositaire, est imaginé comme subsistant au-dessus de son contenu de pensée, de la même façon qu'il serait au-dessus de ses représentations sensibles ; mais c'est bien plutôt et à l'inverse au centre même d'un schéma qui le placerait entre les sensations et les formes universelles qu'il convient de le saisir. Car, de même que les impressions sensibles impliquent une certaine passivité pour un sujet qui se trouve inscrit de ce fait au sein de la loi naturelle, de même les formes logiques sont un élément qui domine la particularité de la subjectivité par ce fait qu'elles sont un universel, et par conséquent un élément supra-individuel. Le moi doit ainsi avoir la probité d'admettre sans idéologie ce qui le surplombe et le domine : la nature le touche extérieurement, soit, mais aussi l'universel inscrit de plus loin que lui dans sa pensée par un universel qu'il ne saurait en aucun cas inventer.

Les formes logiques ne sont pas une création humaine, mais une création *dans* l'homme. Les formes sont bien dans l'esprit, mais pourtant s'imposent à lui. Comme le résume Descartes en la *Méditation Cinquième* mais qui n'en tire pas les conséquences afin d'y constater la force d'auto-implication propre aux formes: «Lorsque j'imagine un triangle, il ne laisse pas d'y avoir une certaine forme de cette figure, laquelle est immuable et éternelle, que je n'ai point inventée, et qui ne dépend en aucune façon de mon esprit». C'est seulement par le fait que le sujet entre en relation avec cet universel qu'il s'élève à un niveau supérieur, parvenant ainsi à briser les limites de sa particularité. Dans cette perspective, ce n'est pas nous qui possédons les formes, comme s'il s'agissait de simples instruments à notre service, mais ce sont bien plutôt les formes qui nous possèdent: «comment saurions-nous nous établir au-dessus d'elles comme le plus universel, alors qu'elles sont elles-mêmes l'universel en tant que telles», écrit Hegel. Et il poursuit en affirmant que la représentation commune est fausse qui croit que «j'ai des concepts comme j'ai un habit, une couleur ou d'autres propriétés extérieures». Comment le sujet pourrait-il en effet prétendre être propriétaire et se tenir au-dessus de ce qu'il ne peut faire entrer dans son rayon d'action qu'en s'y soumettant? Il s'agit donc d'opérer ici une véritable conversion du regard, il s'agit de saisir les éléments que nous croyons nôtres comme des universels qui en réalité nous incluent dans le mouvement qu'ils déploient en eux pour nous atteindre. Quand je prends conscience de l'universel, c'est l'universel qui prend conscience de lui-même en moi, incarnant dans le monde sa propre pureté par l'intermédiaire de ma pensée. La pensée hégélienne, c'est avant tout la découverte de la présence agissante d'un Sujet précédent contenant des formes dont l'universalité ne dépend en rien de mon individualité. C'est la redécouverte des archétypes grecs en qui l'on voit agir un principe d'autonomie dynamique.

*

Parmi les douces collines
Qui saluent le voyageur, aucune ne m'est inconnue.
Sur leurs sommets, l'air du ciel, bien souvent,
A balayé le chagrin de ma servitude; souvent, du fond de la vallée,
Comme l'existence scintille dans une coupe de joie,
J'ai vu s'exhaler l'esprit, montant du flot d'argent bleu.

Hölderlin
(*Le Neckar*)

*

Ces formes qui s'imposent à la pensée du haut de leur universalité peuvent « physiquement » être mises à distance par la pensée elle-même ; elles peuvent être réfléchies. Comment concilier cette possibilité de mise à l'écart (possibilité d'une critique de l'esprit par l'esprit) avec l'universalité des formes qui s'imposent au moi ? Je peux en effet les mettre suffisamment à distance pour croire et me donner l'illusion que je leur suis supérieur – cette prise de champ ouvre l'espace de l'errance. Il est en outre en ma liberté de penser ces formes universelles, ces Idées, ou de ne les penser pas. Quelles sont les conditions qui ouvrent la possibilité d'une telle mise à distance, et celle-ci pourrait-elle être un probant argument contre cette déférence du moi requise par l'universalité des formes ?

Il faut impérativement noter ceci : lorsque je critique la véracité des formes logiques, j'oublie que l'objet examiné et le sujet qui examine sont un seul et même être. Par conséquent, la possibilité d'une critique ou d'une mise à distance est inhérente aux formes logiques elles-mêmes. Les normes critiques ne sont nullement un élément extérieur à ces formes, mais constituent au contraire une réalité fondamentale attachée à leur essence – ce que Hegel nomme « la *négativité* ». Ce n'est pas moi qui pense les formes universelles, mais ce sont elles qui se pensent en moi (et c'est ici la conséquence naturelle de leur universalité) ; de même, lorsque je les critique, ce sont en fait elles-mêmes qui se critiquent en moi. Ainsi, lorsqu'elles sont mises en doute par quelque errance relativiste, ce sont elles-mêmes qui mettent en évidence leur propre négativité dans une dialectique autocritique ; bien loin de les appauvrir, cette dialectique, si elle est dûment pensée, révèle toute la mesure de leur universalité : ces formes sont capables de se renier c'est-à-dire de s'ouvrir à l'altérité. D'un coup Hegel résout les considérables problèmes posés par Platon dans Le Sophiste ou dont Aristote ne parvenait pas à trouver l'issue dans la Métaphysique. Le paganisme pensant trouve ici, dans la dynamisation dialectique des archétypes, une solution païenne respectueuse des enjeux spiritualistes originels et de ce désir si soucieux des possibilités d'ordonnancement de l'immanence.

Si les formes idéales peuvent se *renier* elles-mêmes, il ne faut en aucun cas perdre de vue que ce sont effectivement *elles-mêmes* qui *se* renient, en un libre mouvement qui appartient à la puissance de différenciation de leur être intime. Dès lors, par la manifestation de ces formes capables d'auto-négation apparaît comme déjà présent un Sujet universel conscient de soi, dont le sujet particulier constitue un moment.

Cela ne signifie pas que toute personnalité y est engloutie comme dans une substance indifférenciée ; au contraire, le sujet particulier étant dépositaire de la négativité du Sujet absolu peut nier ce Sujet absolu tout en restant à l'intérieur de ce dernier : nier une négativité, c'est toujours se trouver en elle, c'est même en quelque sorte l'accomplir. Le pouvoir de négation du sujet individuel ne provient pas de lui comme particulier, mais de la singulière négativité du Sujet absolu. Aussi celui-là peut-il appartenir *librement* à celui-ci. La situation pourrait fort bien se résumer, *mutatis mutandis*, selon les mots employés par Joseph de Maistre dans les *Considérations sur la France* : nous sommes individuellement attachés à cette négativité « par une chaîne souple, qui nous retient sans nous asservir ».

Quand je prends conscience des formes universelles, ce sont elles qui prennent conscience d'elles-mêmes en moi ; et quand je les renie, ce sont elles qui se nient en moi, révélant la négativité qui les habite. Cette négativité est déjà implicitement présente dans la conscience que je prends de l'universel : elle est l'élévation de conscience elle-même ; et à la faveur de cette prise de conscience, les formes prennent corps en une personne, les formes s'incarnent, elles se réalisent dans le monde. Sans cette conscience qu'elles prennent d'elles-mêmes en moi, elles resteraient abstraites, elles n'auraient pas de vie, car, comme pour Aristote, pour Hegel, qui n'est pas un contemplatif, s'il n'y a de vérité que de l'universel, il n'y a de réalité que dans l'incarnation individuelle. Une forme à l'état purement logique n'est pas effective, elle n'est donc rien.

Hegel est une personnalité contradictoire qui, reconnaissant une force inhérente à l'Idée, est pourtant incapable de la lui reconnaître, de sorte qu'il est incapable de contempler le principe qui se trouve à la source de ce dont il loue la capacité dynamique.

En investissant une conscience réelle, présente dans le monde, les formes du logos montrent qu'elles ont le pouvoir de se manifester *et* de prendre conscience de soi *au même moment.* Nous apprenons donc que prise de conscience et manifestation sont une seule et même activité pour le Sujet absolu. Les formes universelles sont donc véritablement concrètes dans ma conscience puisqu'une fois parvenues à ma conscience, elles sont le résultat de l'automanifestation de l'universel.

*

Tu as fait de l'enfant un homme.
Je puis désormais prétendre au trône,

Et des nuées de ma jeunesse sortent des actes forts et grands
Comme les éclairs du fils de Kronos.

Hölderlin
(*À Hercule*)

*

Les formes universelles sont en moi plus que moi ; le moi particulier n'est rien au-delà ni au dehors de celles-ci, il est la main de l'universel dans le monde ; quant au pouvoir critique du sujet particulier, qui constitue l'essentiel de son libre-arbitre, il est immanent à l'universel, il est intégré au jeu de sa propre dialectique. Si cette négativité se replie sur soi (ce qu'elle peut faire par définition), alors aux yeux de Hegel le sujet particulier fait l'expérience brute de son libre-arbitre, soit de sa liberté abstraite, qui n'est rien d'autre que la négativité prise pour soi et coupée (ou ab-straite) de la totalité auto-mouvante dont elle est un moment. Nous devons donc comprendre qu'il y a un Sujet *universel* qui *prend conscience de soi*, comme *universel* à travers la conscience que l'homme possède des formes logiques, et comme *prise de conscience de soi* à travers l'expérience que l'homme fait de la négativité du libre-arbitre. La totalité de ces déterminations constitue le Sujet absolu, ou *Concept*, c'est-à-dire l'universel doté de négativité, soit l'auto-mouvement de l'universel.

De cette critique de la conscience commune sort donc une représentation fondamentale de l'essence et de l'activité de la pensée.

*

Si un grand homme est au ciel
Il aspire à rejoindre un autre grand homme qui est sur la terre.
Ce qui est vrai, toujours,
C'est que le monde vit à tout moment dans sa totalité.

Hölderlin
(*L'Unique*)

*

Dès lors que cette relation entre le contenu de pensée et le sujet qui le pense a été purifiée des déformations dont la conscience commune l'afflige, Hegel éloigne les erreurs qui obscurcissent la relation entre l'objet pensé et le contenu de pensée. Partout la vie présente comme unis les éléments que la conscience commune sépare sans critique. Le sens commun persiste quand même à affirmer et à fixer la séparation de la forme et de la matière. Chaque chose du monde qui nous entoure possède en elle une matière sans laquelle elle ne serait rien de palpable, et une forme sans laquelle elle ne serait rien de déterminé – forme et matière donnant ainsi réciproquement à son autre toute sa consistance. Il ne saurait y avoir une forme sans matière ou une matière sans forme. Forme et matière, universel et particulier ne sont possibles qu'ensemble et en relation l'un avec l'autre. De la séparation indue entre ces deux déterminations unies par la vie, naît l'illusion selon laquelle la pensée serait quelque chose d'arbitraire qui se tiendrait extérieurement et ne deviendrait pensable qu'au contact d'une matière. « On présuppose, écrit Hegel dans la *Science de la Logique*, que le matériau du connaître est présent en et pour soi, comme un monde achevé à l'extérieur du penser; que le penser, pour soi, est vide; que, à la manière d'une forme, il approche extérieurement cette matière, s'en emplit, et qu'il ne gagne un contenu et ne devient un connaître réel que par là ». Or comme le précise une célèbre phrase hégélienne, « le vrai est le tout ». Hegel entend montrer qu'il y a préjugé à vouloir comprendre, dans un sens ou dans l'autre, l'objet et le sujet sans rapport entre eux.

Il n'est plus possible de dire, comme le fait la conscience commune, que la connaissance copie imparfaitement sous forme de défectueux reflet réfracté un objet qui serait complet en lui-même et n'aurait nul besoin d'elle: cela contreviendrait au principe de totalité et présupposerait un dualisme qui, vieux réflexe subjectivo-crispé, n'a pas lieu d'être. Nous ne pourrions rien connaître si ce que nous connaissons n'était pas déjà implicitement présent dans l'objet et véhiculé à travers l'objet par l'unité du tout. Séparer l'objet à connaître et le sujet de la connaissance est un présupposé dualiste. Dans une seule et même totalité – et pour Hegel l'on présuppose maints paramètres arbitraires en niant cette totalité tandis qu'en la recueillant l'on n'en présuppose aucun – l'objet se trouve déjà adapté à la connaissance. Pourquoi penser comme s'il fallait présupposer en permanence que la totalité est mauvaise; qu'un mauvais démiurge a toujours et déjà comploté contre la puissance humaine de connaître. En posant une inadéquation entre l'homme et le monde, l'on implique qu'en régime naturel agit un «je ne sais quel trompeur très puissant et très rusé, qui emploie toute son industrie à me tromper toujours» (Descartes), prenant bien soin de dérégler constamment la relation sujet-objet, afin que le sujet, victime d'une curieuse conspiration des sphères à son encontre, ne puisse jamais rien connaître. C'est un malin génie que présupposent sans aucune raison les tenants d'une non-adéquation généralisée.

Mais ce qu'ignore en outre la conscience empirio-formaliste, c'est que la connaissance est ce que la nature devient par le processus de son propre développement dialectique. Dans la conscience, la nature est devenue consciente d'elle-même, et rien de cela ne serait possible si l'esprit n'était déjà immanent dans la nature dès le départ. Ainsi, le moindre concept est une réflexion de la nature en esprit. Cette réflexion dépasse de l'intérieur l'être naturel et le transforme en idée. Le concept est la connaissance que la nature prend d'elle-même à travers la conscience de l'homme. Lorsque la conscience de l'homme parvient au savoir de ce processus, elle s'est entièrement délestée de toutes les contractures qui empêchaient son libre rapport à l'objet.

*

Nul, sans ailes, n'a le pouvoir
De saisir ce qui lointain nous est le plus proche,
De plain-pied,
De passer sur l'autre rive.
Et c'est ici que nous voulons bâtir.

Hölderlin
(*L'Ister*)

*

La conscience commune se trouve ainsi purifiée par Hegel de maint préjugé. Le sujet réfléchissant est en quelque sorte remis à sa place et a réalisé qu'il avait bien peu la primauté. Il est pris en effet entre un universel (qu'il n'a pas inventé et qui, bien loin de dépendre de sa pensée particulière, est la condition de possibilité même de cette pensée), et l'ensemble des étants particuliers du monde. Lui-même est inscrit dans le cercle d'un Sujet absolu, universel se médiatisant, doué d'une négativité qui lui permet de se manifester. Le mouvement est d'une précise structure : la subjectivité humaine est prise au cœur d'un processus qui l'entoure, entre l'Universel et le Particulier, le Sujet absolu et l'Objet ; le Particulier, l'Objet, s'intériorise dans le sujet humain réfléchissant, et simultanément l'Universel, le Sujet absolu, s'extériorise par la même médiation. En un même acte, en un même cercle, l'intériorité de l'Essence et l'extériorité de l'Objet s'enroulent autour du mouvement de présence spirituelle qui se tient dans l'esprit d'homme.

Cet *intellectus purgatorium* auquel Hegel soumet le sens commun permet de suspendre les présupposés qui interdisent le bon déploiement de la rigueur philosophique dont il a l'ambition pour son orchestre. Une fois accomplie cette réduction des préjugés, c'est naturellement que paraît la processualité de ce Concept dont la conscience humaine constitue le moyen terme au sein du vaste Syllogisme contrapunctique que Hegel déploie comme Système de l'Idéalisme absolu.

Nous n'inventons pas le Logos, dit Hegel; d'autre part, poursuit-il, il n'y a pas de Logos sans sujet; le Logos déployé dans l'homme comme langage a donc sa racine dans un Verbe actif qui est Sujet. Mais cette vérité propre au développement de l'hégélianisme et à laquelle je suis remonté par une démarche exotérique et inductive, il faudra qu'elle se démontre d'elle-même dans ce que Hegel nomme « le Système de la Science ».

Une fois la conscience allégée de bien des présupposés, une fois le premier thème énoncé à nu, l'on peut poser les deux mains sur le clavier hégélien et poursuivre le jeu de son Contrepoint.

II. *Réponse* – Vita

Hegel a le constant souci de prendre en compte *toute* la réalité, car il n'y a aucune raison que le monde ne soit pas un. Ne rien laisser de côté, ne favoriser aucun élément au détriment d'un autre ou de son opposé, tout prendre en compte : le nécessaire autant que le contingent, la pensée autant que le monde extérieur, l'universel autant que le particulier…, toujours tenir ensemble les contraires; et ce comportement ne veut rien d'autre que devenir soi-même comme penseur le lieu de ce qu'à chaque instant le monde opère qui nous entoure.

Le monde vit continuellement dans une unité brisée, une unité déchirée en elle-même et pourtant toujours présente. La tâche que se donne ici la pensée consiste alors à être en unité avec cette unité, en union avec la totalité qu'elle regarde sous cet angle et dont elle estime ainsi provenir. Il s'agit de ne pas trahir l'absolu conçu comme totalité, il s'agit de ne pas lui tourner le dos en se repliant indûment sur soi-même – en lui imposant par exemple quelque déformation d'ordre anthropomorphique ou en rêvant un arrière-monde abstrait, qu'il soit empirique ou formaliste. Une compréhension vivante de la vie de la totalité commande ainsi à Hegel une sévère critique de toute manière rigide qui s'emparerait du penser.

*

La pensée la plus profonde aime la vie la plus vivante,
Celui qui a plongé les yeux dans le monde ne comprend la grandeur qu'en les sortant.
Ainsi ne voit-on souvent qu'à la fin de leur parcours les sages
Désirer la vérité d'une différente beauté.

Hölderlin
(*Socrate et Alcibiade*)

*

Quelle est la teneur de l'élément « vivant » dans lequel la pensée hégélienne plonge ses racines? À quoi Hegel identifie-t-il la vie? Chez Hölderlin la vie a deux significations entre lesquelles le poète oscillera, et qu'il essayera ensuite de tenir ensemble afin de maintenir la validité de ce qui deviendra le positionnement ontologique de Hegel – positionnement auquel il renoncera (nous en avons tout dit dans notre traité *De la philosophie – La Vérité captive*). Les paroles de Hölderlin sont souvent prises en une polysémie dont l'un des sens est proche de celui que poursuit Hegel et l'autre, moins visible, est plus essentiel qui se manifeste comme celui qui à la fin rattrapera le poète. Chez Hegel, en un cheminement inverse, la vie est une notion monosémique.

L'une des origines de la compréhension hégélienne de l'être se trouve dans son *Journal bernois* de 1796. Le jeune Hegel y rapporte les méditations que lui inspire le paysage : « Le spectacle majestueux nous dédommagea des peines de cette désagréable journée. En haut, par une étroite fissure du rocher, l'eau jaillit en un jet menu, puis elle tombe verticalement en larges ondes, en ondes qui entraînent constamment le regard du spectateur vers elles, vers le bas, et qu'il ne peut cependant jamais fixer, qu'il ne peut jamais suivre, car leur image, leur figure, se dissipe à chaque instant, se trouve à chaque moment chassée par une autre. Dans cette chute d'eau, il voit éternellement la même image, et il voit en même temps qu'elle n'est jamais la même. Cette réalité vivante cette dissolution perpétuelle, cette disjonction bondissante, cette réalité qui ne se réunit jamais en une masse unique, cette agitation continuelle et cette activité, tout cela offre plutôt l'image d'un libre jeu. » Il y a là en germe toute la conception hégélienne de l'Absolu et de sa perpétuelle identité en devenir. Lorsque le jeune Hegel affirme que sa tâche est de « penser la vie » (au point de donner à la pensée la forme et l'essence, faites divines, du devenir), il veut dire sans ambiguïté que c'est dans ce monde meuble en perpétuelle mutation et identique à soi dans cette mobilité qu'il faut ancrer la pensée. Il ne s'agit point pour lui de rester à côté de la cascade ou au bord du fleuve, mais bien d'y plonger courageusement pour voir où nous serons entraînés.

*

C'est dans les vallons du fleuve que mon cœur s'est éveillé à la vie,
Ses flots se sont joués autour de moi.

Hölderlin
(*Le Neckar*)

*

L'homme qui reste au bord est l'individu crispé sur sa particularité, qui refuse de se jeter à l'eau afin d'y apprendre à nager. Se livrer à ce flux est pour l'hégélianisme la seule possibilité d'abdiquer les structures figées de l'entendement et d'atteindre à une pensée vivante ainsi conforme à son objet. La vérité ne gît pas dans les catacombes du « dogmatisme ». Hegel n'aime pas la fixité, ni la morne répétition, qui n'est que la réitération à l'infini de l'immobile et du repli sur telle forme. Aussi dans le même *Journal* lance-t-il sur les montagnes un regard déçu : « Dans la pensée de la durée de ces montagnes, et dans cette sorte de sublime qu'on leur attribue, la raison ne trouve rien qui lui en impose, rien qui la contraigne à s'étonner ou à admirer. La vue de ces masses éternellement mortes ne m'a rien fourni d'autre que la représentation monotone et à la longue ennuyeuse : c'est ainsi (*es ist so*). » L'image des montagnes éternelles et imperturbables revient souvent dans l'œuvre hégélienne, notamment lorsqu'il s'agit de souligner l'abstraction caractéristique à la chose en soi de la philosophie kantienne : lourde de sens alors l'accusation de « rocher sous la neige » pour qualifier l'inertie de cette chose en soi privée de toute négativité.

Hegel se méfie de tout ce qui est fixe ; seule compte d'abord la vie dans le sens de l'incessante alternance d'apparition et de disparition. Un peintre qui voudrait représenter la cascade ne parviendrait pas à en retenir l'essentiel : « la vie perpétuelle, l'activité qu'elle contient, l'incessant changement de chaque partie, la continuelle dissolution de cette vague, de cette écume, toute cette force, toute cette vie est perdue. » L'origine du système hégélien n'est pas d'essence apollinienne, mais d'essence dionysiaque ; comme le dit Hegel dans une célèbre phrase : « Le vrai est le délire bachique dont il n'y a aucun membre qui ne soit ivre ».

*

Malgré l'élan puissant qui l'entraîne
Le flot jaillissant de la vie ne peut que bouillonner
Impatient dans son lit étroit.

Hölderlin
(*Le jeune homme à ses sages conseillers*)

*

Une vision s'impose comme origine de la pensée hégélienne, une vision qui régira et dirige inconsciemment toute la « modernité », celle de l'être comme n'ayant valeur d'être que s'il est effusion ou mobilité infinie, jaillissement ou devenir – dans le langage établi par Hegel au sein de la *Science de la Logique* : devenir identique à soi dans les différences.

Notons toutefois que la vie en tant que telle, c'est-à-dire prise abstraitement, n'est jamais suffisante pour Hegel, autrement dit suffisante à penser si l'on veut penser la vie ou penser selon la vie ainsi définie. L'on peut dire les louanges de la vie sans pour autant être immergé dans son flux perpétuel ; l'on peut regarder couler le fleuve depuis la rive sans entrer en lui et refuser ainsi de pénétrer en l'eau qui lave la conscience « dogmatique » dans « l'infinité de l'Idée absolue ». La vie est ainsi parfois décrite négativement par Hegel comme une lassante réitération du même, par exemple dans la nature abandonnée à elle-même, la nature qui n'est pas encore animée par l'esprit et dont Hegel critique la circularité non évolutive. La vie minérale n'est pas encore la vie du Concept qui donne lieu au surgissement, à l'avoir-lieu, au *Geschehen*, à la *Geschichte*, soit à l'histoire. Dans la *Logique*, avant que l'Idée ne libère la *Nature* et que la Nature laisse paraître l'*Esprit* qui la traverse, le mouvement de la vie est pris en soi, sous sa forme pure : il n'est pas encore effectif, il n'est que la forme immédiate de L'Idée.

Ainsi donc, il faut comprendre la vie non pas comme le terme qui rend compte de toute la teneur de l'Absolu, mais comme la préfiguration nécessaire d'une vie plus élevée, comme une figure encore inadéquate du Concept puis de l'Esprit absolu – expression parfaite de la vie, expression pleine (Hegel dit « concrète » en référence au latin *concrescere*). Il manque à la vie telle qu'on la rencontre dans un paysage de montagne la pleine conscience de soi : le promeneur qui contemple la cascade est situé comme observateur, autrement dit à l'extérieur de son objet ; la vie n'a pas encore saisi dans son mouvement la conscience de l'observateur, elle n'est donc pas encore l'Esprit absolu « en et pour soi ». Cependant, elle est quelque chose de cet absolu, elle est son reflet incomplet, sa manière d'être imparfaite mais indépassable que Hegel ne remettra jamais en cause, elle est la seule façon fidèle de caractériser la réalité. Elle est ainsi le point de départ le plus élevé que l'on puisse se donner, mais qui doit se développer pour parvenir à sa vérité.

La vie est une condition nécessaire mais insuffisante à l'Idée absolue : la substance vivante doit prendre conscience de sa propre identité comme Sujet vivant, comme Esprit. Cette vie, ce mouvement continuel, qui est partout présent et qu'il s'agit de reconnaître comme le mouvement de la conscience absolue d'un Logos ayant établi la demeure de ses principes dans et comme les structures de nos consciences, cette négativité immanente entraîne une révolution des habituelles modalités de la pensée, acquises aux principes de l'entendement dualiste, paralysant et séparateur. Toute forme fixe doit être abolie, tout principe figé doit être mis en mouvement afin qu'il ne subsiste aucune extériorité de la pensée face à l'être vivant. Si, pour Hegel, la mobilité de la vie est partout présente, alors elle infuse aussi nos esprits ; et si le processus naturel aboutit à la formation d'un être vivant auto-conscient, c'est que la vie naturelle est figure de la vie de l'Esprit.

*

Longtemps mort et replié sur lui-même,
Mon cœur salue la beauté du monde,
Ses branches fleurissent et bourgeonnent,
Gonflées d'une sève nouvelle.
Oh! Je reviendrai à la vie,
Comme l'effort bienheureux de mes fleurs,
Brisant leur dure capsule,
S'élance vers l'air et la lumière.

Hölderlin
(*Diotima*)

*

La conscience humaine doit pour Hegel parvenir à reconnaître dans la vie de son objet la vie qui coule au fond d'elle-même. Le sujet et l'objet faisant partie d'une même totalité, ayant donc la même organisation interne, sont inextricablement apparentés suivant un lien que toute la pensée hégélienne travaille à préciser et enrichir. Il importe que la pensée humaine ne se replie pas anthropomorphiquement sur son humanité afin de pouvoir s'ouvrir à la vie de l'être et ne pas trahir ce lien primordial. Toute espèce de crispation noétique de même que tous les *dogmata* doivent être mis en branle par la négation, qui est une garantie de mobilité vivante contre la fixité morbide. « Les cadavres, à jeter, plus que les fumiers », pourrait affirmer ici Hegel comme le dit Héraclite.

Les principes de l'entendement sont pris comme cible de la critique hégélienne : toute idée, tout concept agissant en régime d'entendement n'est qu'une représentation impuissante. L'entendement, grâce à l'action du principe d'identité, soustrait de la multiplicité du vivant l'élément qui demeure, la substance (du latin *sub-stare*) de l'étant sensible, ce qui se tient identique derrière la multiplicité du vivant. Les représentations de l'entendement, coupées de leur teneur dynamique, séparées de leur énergie spirituelle, sont de pures identités fixes, elles sont les images appauvries et figées d'une réalité qui ne l'est jamais.

Hegel n'est pas un penseur empirique et sa critique n'est pas celle d'un empiriste dénuant toute réalité aux formes logiques : les choses sont bien plus subtiles. Hegel met en cause le geste qui consiste à couper un contenu de son mouvement, ce qui, à l'endroit d'une forme noétique, ne lui donne plus même la possibilité d'être reliée à la totalité qui lui donne la force d'être produite. Cette unité abstraite n'apparaît plus que comme une image glacée, comme le résultat d'une glaciation qui a emprisonné en elle le mouvement vital, une *Erstarrung* pour parler comme Wilhelm Müller que Schubert a mis en musique : *Kalt starrt ihr Bild darin*, « son image y est figée ».

Les représentations ne doivent pas être prises en elles-mêmes comme un absolu : leur rigidité serait élevée au rang de vérité et projetée sur toute chose. Une doctrine fondée sur de telles essences fixes est l'extraction d'un élément hors du tout, une abstraction qui selon Hegel s'interdit le chemin d'une pensée vraie. Toute philosophie faisant consister le vrai en ou selon ces représentations vides comme telles, consacre la disparition de l'existence concrète et du sujet particulier au profit d'une essence abstraite et morte. Hegel entend considérer toute la complexité de la vie sans éliminer arbitrairement tel élément ou tel autre : « le Vrai est le Tout » ; il refuse de se réfugier dans une unité en repos, dans un arrière-monde au calme certes rassurant mais jugé inauthentique puisque la pierre de touche est la mobilité de la vie.

Penser la vie, ce n'est pas fuir hors des choses terrestres afin de se donner l'illusion de trouver leur unité.

*

C'est une nouvelle fierté que m'a enseigné mon moi,
c'est elle que j'enseigne aux hommes :
je leur enseigne à ne plus mettre la tête dans le sable des choses célestes,
mais de la porter haute, une tête terrestre qui donne son sens à la terre.

Nietzsche
(*Zarathoustra*)

*

Comment concilier cette critique de la fixité des formes avec l'universalité que Hegel leur reconnaît? Ce n'est pas la pureté en soi des objets regardés par l'entendement que le philosophe refuse, mais c'est l'absolutisation de cette pureté. L'œuvre de l'entendement est bonne en elle-même si l'on ne la dogmatise pas. À travers les essences présentes dans la connaissance humaine, la nature prend conscience de soi et de sa propre intériorité, elle se porte elle-même à la conscience. L'entendement donne bien son *sens* à la terre. Il est vrai que la forme obtenue par ce procès intériorisant semble coupée de la vie : elle est une quand celle-ci est multiple, vide quand elle est plénitude, fixe quand elle est mouvante… Mais il n'est pas moins vrai que cette intériorisation prend appui sur la nature vivante elle-même puisqu'elle la traverse afin de faire éclore, au milieu du monde, les formes pures et indestructibles de l'intelligible. Ce double aspect doit être apprécié au sein du mouvement de la totalité. L'universel, afin d'être en sa vérité, ne doit pas être abstrait ou séparé du processus avec lequel il échange un regard.

L'entendement simplifie le donné foisonnant et indéfini du réel, il différencie et classe selon son exigence de précision. Mais une fois son action accomplie, il ne doit pas oublier qu'il est justement un agir, qu'il est un processus de détermination issu d'une vie dépassant la vie de la nature, d'une vie qui se sert de cette force discriminante propre à l'entendement afin précisément de prendre conscience de sa propre essence et de jouir à la fin de sa sempiternité.

La conséquence hégélienne affiche une cohérence systématique dont la subtilité est peu connue. Le résultat de l'intériorisation opérée par l'entendement est l'émergence d'une forme universelle, qui, d'une part, *comme résultat*, est abstraite en tant qu'elle est l'aspect de l'identité pure distincte du processus grâce auquel elle a été amenée à la conscience; et qui, d'autre part, *comme résultat d'un processus*, participe de la médiation avec soi-même d'une totalité auto-consciente. Ainsi, l'entendement ne doit pas oublier les conditions de possibilité de son effectuation. Son travail dualisant, son œuvre classificatrice de séparation, est une puissance inhérente à la vie elle-même qui par définition pose l'unité de l'identité et de la différence. L'œuvre de l'entendement est absolument nécessaire, mais, prise abstraitement, prise pour l'absolu, recroquevillée sur soi, prise seulement dans son résultat, elle ne constitue qu'une mutilation arbitraire de la totalité vivante. Le vrai est la récapitulation historique de tout ce processus où communiquent en un même jeu les multiples étapes de médiation afin que continûment soient un avènement et un advenir : le procès et le résultat sont un même être et n'ont pas à être séparés.

On est donc en droit de critiquer l'immobilisme de l'entendement qui, oublieux de son origine, ne connaît pas son être-médiatisé, mais il faut bien souligner que l'universel contenu de « l'entendement, dit Hegel, ne peut être bradé ». On ne peut se contenter de le gommer en soulignant simplement son caractère dualiste. Car, d'une part, ce caractère appartient à la vie elle-même dont l'un des aspects est *aussi* une certaine fixité – elle arrête son devenir producteur dans un produit, elle prend également conscience en l'homme des formes universelles qui la structurent – et, d'autre part, refuser catégoriquement l'entendement en insistant sur son irréductible distance avec le monde vivant, revient à demeurer de plain-pied dans le schéma d'exclusion dualiste propre à l'entendement.

Fuir fanatiquement l'entendement et refuser ainsi toute collusion du contenu de la pensée avec l'essence de la vie revient à absolutiser l'extériorité de la pensée et de l'être, et paradoxalement à appliquer partout la marque de cet entendement que pourtant l'on fait profession de refuser. Refuser, comme l'empirio-relativisme, le moderno-nominalisme ou le perspectivisme d'un Nietzsche, tout rapport ontologique entre la vie et l'entendement, et regarder ainsi absurdement qu'au sein du monde puisse subsister une sorte de *Deus ex machina*, en l'occurrence la faculté intellectuelle, voilà toutes choses qui reviennent à rejeter l'unité que l'on entend donner à la vie.

*

Frère, qu'elle est belle la danse de joie
La danse d'amour permanent
Qui entraîne la terre dans l'Éther souriant.

Hölderlin
(*Au Printemps*)

*

En séparant la vie et l'entendement, l'on appréhende la vie selon une pensée d'entendement; et l'on pratique une critique d'entendement de l'entendement.

Pour sortir de cette aporie, Hegel insiste sur le mouvement dont est animé l'entendement lui-même : une critique d'entendement de l'entendement n'est possible que parce que celui-ci est déjà vie, l'entendement ne peut se critiquer lui-même que parce qu'il est en soi une négativité ou un moment de la totalité vivante, parce qu'il possède immanent à soi son propre principe de dépassement. L'entendement qui comprend et prend sur soi la négativité qui l'habite est « la Raison ». Un tel mouvement de soi avec soi-même, véritable scission intériorisée, n'est pas immédiatement perçu par l'entendement, mais cela ne signifie pas que ce mouvement est quelque chose d'extérieur à ses structures, car il apparaît plutôt comme la vérité de ces dernières. Cette mise à distance de soi à l'intérieur même de soi est la vérité de l'entendement, ce que Hegel nomme « la Raison » : « la vérité de l'entendement est un devenir, et, en tant qu'un tel devenir, elle est la rationalité », lit-on dans la *Préface* de la *Phénoménologie de l'esprit*. Ainsi convient-il de ne plus employer le mot « Raison » dans le sens désormais traditionnel que lui ont donné les réflexes des philosophies de la représentation, mais le concept doit être entendu selon la dialectique qui imprègne précisément cette Raison, dialectique que Kant commençait de mettre involontairement en évidence pour n'en rien conclure de décisif cependant : la dialectique qui désigne le passage d'une thèse à la thèse contraire au sein d'un même tissu de rationalité, n'est plus saisie comme un symptôme de faiblesse interne et d'impuissance à déterminer l'absolu; mais, selon l'unité manifeste de la pensée avec elle-même dans la négativité réflexive révélée par la possibilité d'une critique de l'esprit par lui-même, cette dialectique est la manifestation de la puissance de la Raison qui reste identique à soi lors du passage d'un contenu à un contenu contraire, intégrant ainsi la contradiction à son être.

Il manque à Kant de s'être sérieusement interrogé sur les conditions de possibilité d'une critique de la Raison en général : ces conditions sont la Raison elle-même dans la mobilité propre à la vie qui lui est propre. Kant a également traité la Raison selon les canons de l'entendement, ne voyant dans le jeu des thèses et antithèses, dit Hegel, qu'un rapport d'extériorité dont il a tiré son inutile « Dialectique transcendantale ».

La critique de l'entendement fait apparaître l'unité vivante de la Raison. Celle-ci est pour Hegel la vie en œuvre, la mobilité révélant sa présence dans notre esprit. La vie que notre conscience voit devant soi dans le monde est l'image d'un moment de la Raison en œuvre totale autour d'elle – une Raison qui est distanciation d'avec soi et réunion à soi-même.

*

Si la vie n'est qu'affaissement
C'est parce qu'un homme sait regarder en haut.
Oui.
Tant que dans son cœur
Dure toujours pure la bienveillance
L'homme peut se confier avec bonheur à Dieu.
Y a-t-il sur la terre une mesure ? Il n'y en a aucune.

Hölderlin
(*En bleu adorable*...)

*

Le fond de l'humain est pour Hegel le lieu où le mouvement vivant est présent sous son aspect à la fois le plus incarné et le plus concentré – comme formes pures et comme « force de mouvoir qui, prise abstraitement, est l'être-pour-soi ou la négativité pure ». Dans cette vie consciente de soi qu'est la Raison, l'entendement est intégré comme puissance de différenciation et de détermination. Dans l'unité de ce processus, les représentations fixes de l'entendement sont comprises *comme* représentation. La pensée hégélienne n'est pas une abolition de la représentation, mais sa lecture *comme* représentation, ce qu'exprime très bien le mot allemand *Vorstellung* : « représenter », *vor-stellen*, c'est en effet aussi bien *poser devant*, ce à quoi s'emploie l'entendement qui *pose devant* la Raison (qui place en face d'elle) ce qui est nécessaire à la conscience qu'elle prend de soi dans le monde en s'incarnant dans des figures particulières, et ce qui est nécessaire à la science que la vie acquiert de son fondement en s'intériorisant dans la conscience humaine. La Raison est en représentation, au sens large : elle *apparaît*.

Lorsque Hegel met en place le binôme que forment la Raison et l'entendement, il s'agit là moins de deux facultés cognitives distinctes que de deux usages possibles du penser. La pensée d'entendement fixe et détermine ; elle sépare et isole les déterminations que la vie unit à chaque instant, puis elle absolutise cette séparation comme vérité. La manière d'être principale de l'entendement, c'est l'unilatéralité, l'alternative obligatoire, le « ou bien... ou bien... » qui pousse à choisir un terme plutôt que l'autre : la pensée *ou* l'être, le sujet *ou* l'objet, l'universel *ou* le particulier, etc. mais point en même temps les deux. Toutefois la Raison est vivante, elle est vie, et c'est ce qu'on oublie la plupart du temps à propos de la pensée hégélienne. Parce que cette Raison est vie, pour cela seulement Hegel peut affirmer l'unité en constant devenir du rationnel et du réel. Aussi l'Encyclopédie explique-t-elle que « le combat de la Raison consiste à surmonter ce que l'entendement a fixé ». Mais l'entendement fait également partie du mouvement du vrai, et il ne saurait être inutile à la vivante économie de la totalité : sans l'entendement la puissance de fluidification de la Raison s'étoufferait en elle-même, car elle n'aurait rien de déterminé à mouvoir. Raison et entendement se tiennent, dans leur commun agir, comme les deux forces rythmiques inhérentes au même Sujet absolu : celui-ci est dans l'entendement une puissance de détermination et dans la Raison une puissance d'animation – comme Raison et entendement conjoint, il est l'Esprit absolu.

La Raison et l'entendement fonctionnent ainsi de concert : l'entendement scinde l'indifférencié en différences, il est l'acte de détermination de la Raison, et celle-ci est présente comme mise en mouvement de ce que, comme entendement ou (re)présentation de soi, elle a déterminé. L'ensemble de ce processus est l'Esprit absolu. L'Esprit comme Raison unifie ce que l'Esprit comme entendement a séparé. Afin de concevoir plus précisément ce lien mobile, Hegel mettra en présence le jeu d'identité spéculaire d'un Sujet absolu qu'on ne pourra plus confondre avec une simple subjectivité de finitude.

III. *Contre-sujet – Hölderlin*

L'amitié, la complicité de Hölderlin, sa présence auprès de Hegel à Tübingen, sa proximité lorsque les deux hommes furent précepteurs dans la même ville à Francfort, la sidérante et méfiante admiration que Hegel, contrairement à Schelling, vouait à cet ami dont il continua à célébrer l'anniversaire en secret chaque année lorsque les événements les séparèrent et le silence de la nuit hölderlinienne s'établit entre eux, s'avèrent déterminantes pour la pensée hégélienne; mieux : elles lui sont nécessaires. La pensée de Hegel s'est formée dans une méditation constante de celle de Hölderlin et de ce qu'elle considérait comme des déchirures. Hölderlin était travaillé par deux postulations antinomiques – la connaissance d'une altérité de transcendance (connaissance dont l'influence est chassée par Hegel), mais le désir de clore la pensée dans un cycle immanent (ce en quoi la pensée hégélienne réfugiera son angoisse de la Vérité). L'antinomie hölderlinienne atteint à un tel état de tension qu'elle s'intensifie jusques au point de sa lisibilité – dans les grands *Hymnes* et leurs ultimes fragments, où la duplicité du désir flambe en un homme qui s'y consume en laissant échapper, un bref instant, une lumière où se lit toute la *volontaire fatalité* que le monde moderne a choisie.

*

J'élirai peut-être ton image et ton amitié comme conducteurs de mes pensées dans le monde sensible.

Hölderlin à Hegel

*

Tandis que Schelling la dédaigne, Hegel en revanche, à la fois raisonnable et perçant, Hegel, que ses jeunes camarades d'études nommaient pour ces deux raisons « le vieil homme », se voit véritablement terrorisé par la figure que devient peu à peu son ami, et par la contradiction interne à ce mystique qui tourne le dos au ciel pour exalter la nature en un langage qui refuse toute ouverture ; Hegel découvre finalement chez son ami l'énigme d'une inconséquence que Hölderlin entend porter, la cohérence d'une déchirure dont il ne saisit en rien l'unité.

Ce pourquoi, dans l'angoisse, l'auteur de la *Phénoménologie de l'esprit* se décide pour l'une des deux postulations entre lesquelles oscille l'auteur de *Patmos*, Hegel penche vers l'une des visions de l'absolu que Hölderlin et lui ont en commun – Hölderlin connaissant par ailleurs qu'il existe un plus haut Réel permettant précisément l'absoluité de cet absolu que les deux hommes souhaitent tant ardemment identifier à la vie visible. Hegel décide de chercher par voie dialectique un ordre divin dans la fluctuante immanence du monde, un Royaume de Dieu sur terre et dans les vicissitudes mêmes qui sont intrinsèques à l'immanence. La richesse de consistance intime de ce qui n'est pas mondain mais dont provient le jaillissement du monde lui est étrangère.

Il s'agit pour Hegel de faire procéder le divin lui-même d'un schème logique qui n'est rien sans le contenu dont il doit se remplir, et Hegel ne veut jamais se demander d'où vient à ce schème logique nucléaire la capacité pulsive d'aller au-devant de ce qu'il doit avoir la force de créer afin de s'en remplir ultérieurement… Hegel produit un nombre de contradictions marginales qui sont là où on ne les a jamais signalées, mais elles ne sont pas le thème de la présente méditation.

*

Cher frère, je suis certain que durant ce temps tu as parfois pensé à moi depuis que nous nous sommes séparés avec ce mot de ralliement: « Royaume de Dieu ». À ce mot de ralliement, nous nous reconnaîtrons, je le crois, après chaque métamorphose. Je suis certain que, quoi qu'il t'advienne, le temps n'effacera jamais en toi ce trait caractéristique. Ce trait est en effet, avant toute chose, ce que chacun de nous aime chez l'autre. Et ainsi nous sommes assurés de l'éternité de notre amitié.

Hölderlin à Hegel

*

Tandis qu'il demeure pris par ses contradictions, Hölderlin coïncide avec un certain équilibre et à certains moments établit des pensées particulièrement systématiques faisant apparaître entre Hegel et lui une commune vision de l'Absolu, que tous deux refusent de soumettre à la rection d'une intuition intellectuelle. Ainsi Hölderlin a-t-il formulé des questions qui font grande impression sur Hegel à une époque où, à Francfort, ses recherches sont dans l'impasse, et qui l'aident à trouver une nouvelle stimulation pensante.

Dans le texte hölderlinien *Être et Jugement* (Seyn und Urteil), d'une teneur philosophique qui n'a rien à envier aux textes les plus abscons de Hegel, est remise en question l'identité à soi-même de l'Absolu telle quelle est alors pensée par Fichte d'une part, et Jacobi de l'autre. Dans des termes proches voire identiques à ceux du mûr Hegel qui sur le même sujet provoquera l'ire de Schelling une douzaine d'années plus tard, Hölderlin refuse catégoriquement de déséquilibrer au sein de l'Absolu les relations entre l'unité et le processus de différenciation propre à l'acte de conscience ou de jugement (d'où le titre de son texte: en allemand *Ur-teil* signifie couramment « jugement » mais étymologiquement « séparation » ou plus largement « différence »): toute annulation est arbitraire qui abolirait la différence au profit d'une quelconque identité qui fût présupposée comme un absolu au point de départ de la philosophie. Celui que les littératisants connaissent aujourd'hui comme un poète, lorsque toutefois ils le connaissent, mais qui fut aussi un redoutable philosophe, Hölderlin refuse la pensée de Jacobi qui influencera tant le spinozo-mysticisme orientalo-enstatique du premier Schelling. En revanche sa pensée préfigure ici, bien longtemps à l'avance, des phrases que l'on pourrait lire dans la *Préface* de la *Phénoménologie de l'esprit*.

Ainsi la conclusion de *Être et Jugement* est-elle on ne peut plus explicite à cet égard : « l'identité, écrit Hölderlin, n'est pas l'union de l'objet et du sujet qui se produirait sans plus, par conséquent l'identité n'est pas = l'Être absolu. »

*

Quand nous ne nous parlons pas, il n'y a là que peu de profit pour toi.

Hölderlin à Hegel

*

La disputeuse ambiance intellectuelle qui tourne alors autour de la notion d'identité du sujet et de l'objet est repoussée d'un revers de main par Hölderlin. Il récuse d'emblée le principe qui caractérise le naissant idéalisme allemand et qui veut, par l'identification de l'être et de la subjectivité, établir là le fondement de la philosophie comme science suprême. La *Doctrine de la Science* de Fichte, qui venait d'être publiée dans sa première version en 1794, cette pensée qui se veut rigoureuse et que Hölderlin a étudiée de près puisqu'il assista aux cours de Fichte, il l'appelle une « philosophie transcendante » et montre comment sa conception de l'identité la fait aboutir à un nihilisme, autrement dit une doctrine fondée sur le néant d'un principe vide et sans effectivité. La critique hölderlinienne de la *Doctrine de la Science* de 1794 est d'une finesse remarquable : il démontre qu'il y a contradiction à poser le Moi comme absolu, même si cela se fait sous la forme non pas d'une intuition intellectuelle immédiate, mais d'une exigence active, d'une *Tathandlung*. Même posée en avant de l'effort pensant ou de l'action morale, cette unité reste pour Hölderlin monolithique et fermée. Pour qu'il y ait conscience, il faut qu'il y ait scission autrement dit *Ur-Teilung* ; aux yeux de Hölderlin, un Absolu qui serait une pure identité ne peut pas avoir de conscience et serait donc affaibli par cette carence, ne pouvant être rigoureusement défini comme un Soi ou plus généralement comme une Pensée, n'ayant force de rien, pas même de s'aimer. Inversement, du fait que l'on attribue à l'Absolu les traits de l'unité close ou de la différence se refermant sur l'identité, l'on aboutit à dire que la scission par laquelle se définit la conscience, et donc que le statut de l'humain en général sont illusoires qui doivent être absorbés à terme dans l'indétermination unitive de quelque clôture indistincte. Aussi et quoi qu'il en soit en un contexte tel, le monde et le moi disparaissent au profit d'un terme plus flou que divin. Et, avant tous et avant Hegel, dès le départ, avant Fichte lui-même qui rectifiera tant ses propres écrits, ce que Hölderlin dénonce déjà dans la philosophie de Fichte, c'est son destin schellingien. La *Doctrine de la Science* traite le non-Moi (les êtres de finitude et le monde) de telle façon qu'elle ne peut aboutir qu'à la négation complète de ce non-Moi, et par là même à l'anéantissement de la conscience et de la personnalité.

*

L'amour engendra le monde, l'amitié le réengendrera.

Hölderlin
(*Hypérion*)

*

Hölderlin souligne donc les contradictions à vouloir penser l'identité comme ce Moi selon Fichte, il montre les difficultés de relier identité et différence, tout en démontrant de fait qu'aucune identité indifférenciée et engloutissante n'est en toute rigueur acceptable et en insistant sur le statut effectif de la subjectivité. Ces aspects deviennent fondateurs aux yeux de Hegel : si l'identité absolue est définie comme sujet, il ne faut pas la traiter en fin de compte comme substrat. Hölderlin écrit : « Comment pourrais-je dire « Moi ! » sans conscience du moi », et il ajoute : « comment la conscience du moi est-elle possible ? Elle l'est quand je m'oppose à moi-même, quand je me sépare de moi-même, mais que malgré cette séparation je me reconnais dans l'opposition comme le même. »

Dans le dos de tous, en un silence auquel seul Hegel est attentif, se déroule une véritable révolution au sein de la philosophie en général et en particulier de cette période capitale de l'histoire de la pensée qui est appelée « idéalisme allemand ». Cette révolution, qui sera accomplie par Hegel, Hölderlin invite à l'opérer au cœur de la pensée de l'unité dont l'Absolu est censé être tissé : il ne s'agit plus de prendre appui sur l'intuition intellectuelle comme relation établie du Moi = Moi, puisque l'auteur d'*Être et jugement* a montré que, vus sous cet angle, les deux pôles (l'intuition intellectuelle et l'être-en-relation) sont contradictoires ; il ne s'agit plus de déduire l'être du sujet, mais le sujet de l'être – l'être de l'*Urteil* mais l'*Urteil* de l'être, car l'*Urteil*, la séparation différenciante, se trouve dans l'être même – la séparation différenciante soit « l'aliénation » dira Hegel dans la *Phénoménologie de l'esprit*, ou tout simplement l'*Urteil* (le Jugement) comme moment majeur du *Schluss* (le Syllogisme), écrira-t-il dans sa *Doctrine du Concept* en reprenant mot pour mot une part du texte de Hölderlin, .

Dans l'équation « je suis je », on ne part plus du premier je, comme le voudrait Fichte, mais de la liaison établie par « suis », de la copule établie par « être ». Le fondement ultime de l'identité n'est plus le sujet mais une liaison séparante qui permet à un sujet et à un objet de se poser. Cette liaison, c'est l'être qui possède en lui-même la propriété de se scinder : il est *Ur-Teilung*, scission (*Teilung*) originaire (*Ur*), ou bien *Ur-teil*, « jugement ». Hölderlin attire l'attention sur l'irréductibilité de la différence dans la vie de l'Absolu. S'il affirme que l'identité n'est pas l'être absolu, c'est précisément parce que l'être absolu est ce qui rend raison à la fois de l'identité et de la différence.

Hölderlin fait donc considérablement progresser la prise en garde du problème en soulevant la question de la teneur du rapport de soi à soi qui se tient entre l'être et lui-même, et en éloignant la perspective de toute unité solitaire, « abstraite » dit l'hégélianisme, dans le foisonnement de ses propres recherches contradictoires, tandis qu'il explore une possibilité, il montre à Hegel qu'il est possible de fermer mainte porte et de répondre à une présupposition (poser que l'Absolu est une unité que sa différence replie sur soi est négliger le sens glorieux c'est-à-dire la contribution à l'absolu que revêt cette distanciation au sein du Même de l'Absolu) par une autre, inconsciente à Hegel (poser que l'Absolu est soumis à des impératifs, penser qu'il a besoin de quoi que ce soit, de se différencier de soi-même pour se comprendre, d'établir un rapport de conscience distanciant pour s'apercevoir, c'est lui dénier par une obligation de différenciation la Différence qui fait de lui un Absolu). Hegel, qui à l'époque de Francfort (environ cinq années avant 1800) n'est pas du tout en possession de sa pensée, s'engouffrera dans la possibilité ouverte par Hölderlin et dans la schématique de l'*Urteilung*. Il y reconnaîtra la singularité d'un développement qui prend à revers les divers chemins essayés par les postkantiens. La pensée hégélienne se construit ici, dans ce qui pour Hölderlin est un moment de recherche ponctuel, un momentané pèlerinage personnel, un instant capable de promouvoir un système qui, s'il l'avait suivi, aurait rendu moins complexe l'itinéraire du penseur et poète. Pour Hegel les choses deviennent de plus en plus claires au fil des conversations avec son ami dont *Seyn und Urteil* sont une récapitulation : une identité n'est rien sans la différence qu'elle identifie, et donc l'équation Moi = Moi, au niveau de l'Absolu, ne peut être considérée seulement comme l'identité aperçue par une intuition intellectuelle alors qu'elle est tout autant la scission d'une différenciation aliénante.

*

Je voudrais encore apprendre de toi mainte chose, et aussi de temps à autre te communiquer quelque chose de ce qui est en moi. Nous devons de temps en temps nous rappeler l'un à l'autre que nous avons de grands droits l'un sur l'autre.

Hölderlin à Hegel

*

Toute l'originale ardeur de Hegel va consister à saisir *en même temps* l'identité et la différence dans la notion de négativité. L'intuition fondamentale de Hegel consiste à souligner qu'au sein du principe d'identité posant A = A, il s'agit moins d'exprimer une unité que de manifester une différence posée comme nulle, c'est-à-dire une *négation de la négation* ou négativité : A = A signifie A est non non-A.

Dans le signe « = » du « A = A », il ne faut pas uniquement insister sur la copule identificatrice, mais tout autant sur la scission des termes que ce signe identifie : le signe « = » éloigne visuellement les deux termes autant qu'il signifie leur rapprochement. Hölderlin insiste sur la nécessité pour toute identification de ne pas minimiser l'aspect différenciant, Hegel pousse à son terme cette pensée en considérant ce processus *simultanément* comme attraction et répulsion. Cette négativité de la pensée est pour Hegel la définition même de l'être.

Hölderlin a mis en évidence une insuffisance du système fichtéen de 1794 : il y a coappartenance entre le Moi et le non-Moi, renvoi d'un terme à l'autre sans que la possibilité même de ce jeu soit fondée. On ne voit pas comment identité et différence peuvent alors entrer en rapport tout en s'opposant. Il s'agit donc de méditer cette relation de l'identité et de la différence que Hölderlin appelle l'être. « L'être exprime la liaison (*Verbindung*) du sujet et de l'objet. » Que penser dans cette liaison ? Hölderlin la qualifie de scission originaire, d'*Urteilung* : l'être est jugement (*Urteil*). C'est paradoxalement une scission, une division originaire qui permettrait la liaison.

Au lieu d'être exploité par Hölderlin comme il l'est par Hegel, ce paradoxe le laisse à une contradiction : si Hölderlin conçoit ici l'être comme scission, il aperçoit du même coup que cette scission est l'activité incessante propre à cet être qui porte en soi un processus de différenciation, et il sait que cette conception est aussi incompatible avec celle d'Absolu que la conception qui voue l'Absolu à l'impuissance absorptive. Travaillé depuis toujours par une révélation de Transcendance qui est à la source de son œuvre, de ses fulgurances, de ses dénégations – j'ai abondamment parlé de l'inflexion historique capitale que représente la figure hölderlinienne, en d'autres pages et ce n'est donc point le propos d'icelles – hanté par un « bleu adorable », par un azur dont il se détourne mais qui le rappelle constamment, non seulement Hölderlin connaît une richesse propre à l'Absolu dont la surpuissante Substance n'est évidemment aucunement superposable à l'unité indifférenciée dont le schème sert de nomenclature plus ou moins explicite aux majoritaires doctrines postkantiennes, mais également le poète entend établir que l'être est scission afin d'y inclure la mobilité de la vie visible à laquelle il porte une duale dévotion.

*

J'ai déjà pensé qu'un commentaire des Épîtres de saint Paul te serait profitable.

Hölderlin à Hegel

*

Étant donné qu'en dépit des authenticités ontologiques qui le travaillent, l'auteur d'*Hypérion* tourne le dos à la Transcendance véritable, il ne lui reste donc plus que cette ontologique scission dont il peut dès lors constater la rémanence, mais qu'il ne cherche pas à relier à quoi que ce soit de fondamental et dont il ne conçoit ainsi nullement la nécessité. L'être se scinde sans que Hölderlin puisse comprendre pourquoi, à quelle fin. Il ne lui reste donc devant lui qu'une scission réelle mais inexpliquée. Sa situation complexe, sa déchirure ontologique l'empêche par une honnêteté tout aussi ontologique d'épanouir sa révolutionnaire conception de l'être comme jugement. Ayant jeté un regard dans le Principe véritable, dans la Transcendance dont la Vie ne peut être déduite de la mobilité empirique et se joue dans une Différence fondamentale, ayant jeté ce regard mais s'étant par la suite comme Œdipe crevé l'œil, Hölderlin est cet homme empli de quintessentes réminiscences qui veut et en même temps ne veut pas que l'Absolu soit inscrit dans une dynamique de séparation originelle (*Urteilung*) qui le ferait dépendre de quoi que ce soit pour être soi.

Connaître quelque chose de la Vérité sans l'assumer pleinement met Hölderlin en grand désaccord avec lui-même. Et l'équilibre hégélien suppose en ce sens certaines décisions.

*

Je n'ai pas de motifs de t'envier. Tu es, plus que moi, replié et enfui sur toi-même.

Hölderlin à Hegel

*

C'est donc autour de la question du statut de cette liaison différenciante que les pensées de Hegel et Hölderlin se séparent. Et seul Hegel va désirer penser dans toutes ses nuances et caractéristiques le statut de cette unité d'un Moi ontologique, en la considérant comme l'agir fondamental d'un Sujet absolu distinct de la subjectivité telle qu'elle est conçue par les philosophies de la représentation. La subjectivité du Sujet absolu hégélien est hors représentation, ce pourquoi la pensée de Hegel est si difficile à comprendre au commencement : elle n'est pas construite pour être regardée à distance mais pour que l'on entre en elle afin d'y laisser s'exprimer une instance qui dépasse les représentations individuelles; cette instance dépasse les figures individuelles pour mieux les poser, elle devient le lieu de leur ex-position récapitulatrice, de leur histoire, elle est autrement dit la dynamique et le processus de leur réminiscent avènement.

Hölderlin, quant à lui, pris dans l'inachèvement volontaire de sa doctrine, a ouvert la voie d'une pensée de l'être comme jugement mais refuse de développer cet ensemble en se tournant vers une conception de l'être comme Sujet, un Sujet absolu identique à soi dans la différenciation structurelle le portant loin de soi. Pour Hölderlin un tel Absolu n'est pas l'Absolu puisqu'il est soumis à la loi d'un comportement structurel. Un Absolu s'absolvant à travers son auto-position est une contradiction dans les termes, et en aucun cas n'est un Sujet de liberté. Ce diagnostic est tout à fait remarquable, mais la pensée de Hölderlin demeure en suspens : pris entre deux pôles unitaires, celui de l'être transcendant auquel il tourne le dos et celui de la nature immanente qui n'intègre pas en soi l'aspect déployé de la conscience humaine, l'individualité humaine se trouve doublement exclue par ces deux pôles, le premier par excès, le second par défaut. Où qu'il se tourne Hölderlin s'éprouve nostalgique étranger de l'une ou l'autre instance, pensant à l'une dès qu'il cherche la fruition de l'autre, assistant empli d'une essentielle nostalgie à la future vigueur d'une instance unitaire passée soit trop grande (la Transcendance) soit trop petite (l'unitotalité naturelle) pour lui. Arrivant à un point de l'histoire où il porte sur lui la douleur de l'homme ignorant ce dont il est digne et ce à quoi il est appelé, Hölderlin se place face à quelque pôle d'unité comme face à une joie qui se joue et jouit de soi sans lui. C'est une situation tragique : elle est celle de la modernité que prophétise ici en une figure fortement incomprise, en dépit des tirades heideggeriennes, la douleur d'un penseur craignant « à la fin de subir le sort de Tantale qui reçut du divin plus qu'il n'en put digérer ». Touché par l'éclair de la Différence de Transcendance, abattu par une splendeur sous le soleil de laquelle il n'ose penser tête nue, s'obligeant ainsi à une immanentiste ivrognerie consistant à poursuivre la nature de ses assiduités ou à voir dans l'immédiateté la seule unité possible mais qu'il critique uniment.

Par la construction d'une œuvre dont l'énigme incantatoire possède une inconnue mais très-solide cohérence, une lucidité si impressionnante qu'inconséquente conduit Hölderlin à saper avec quelques années d'avance, tout en lui fournissant paradoxalement l'armature de son système, le cadre au sein duquel se dessinera la pensée de Hegel.

À l'issue de la précieuse mise en place hölderlinienne de l'être comme *Urteil*, sur quoi Hegel prend racine, à l'issue de cette originale doctrine hölderlinienne, plus rien…

Hölderlin laisse une volontaire friche conceptuelle. Ne reste qu'une redoutable et irréductible scission, reflet du drame qui transperce son auteur. Hölderlin, après avoir démis l'idée d'une lisse identité différente de la différence, réintroduit une différence différente de toute unité. Au domaine de l'Absolu il sépare les processus de différenciation et d'identification, que Hegel s'emploiera à saisir dans une simultanéité dont il nommera « Sujet absolu » le déploiement.

Hölderlin voit bien l'unité fondamentale du Soi absolu, mais il la voit comme jouissant d'elle-même indépendamment de toute dynamique d'extériorisation ou de différenciation qu'elle aurait à subir, il la voit dans la puissance de sa divinité, il la voit en propre et non selon ce que l'on en peut tirer à des fins de construction spéculative, il la voit au sein d'une crainte sacrée à qui manque la vision d'une médiation qui, transmetteur, ne dénature pas pour autant l'essence de cette Transcendance originaire. Aussi, loin de vouloir user du divin, loin de laisser le divin livré à des formes de pensées réductrices, Hölderlin se sent voué à endurer la Différence de Dieu ou à la fuir dans des substitutions ; quoi qu'il en soit, il ne parvient pas à penser le lien possible entre cette Différence et l'âme d'homme, de sorte que tout rapport à l'Absolu se situe pour lui à l'extérieur de la conscience : s'il existe une relation entre la Différence du Divin et la pensée humaine, elle est à chercher ailleurs qu'en un amoindrissement de l'essence divine soumise à une loi d'auto-séparation et d'extériorisation qui remettrait en cause non seulement la puissance de son essence mais celle de sa liberté.

Pris entre l'exigence d'une Transcendance irréductible au jeu de l'identité différenciée et le désir d'un salut qu'il craint de ne pas savoir trouver ailleurs que dans l'unitotalité, Hölderlin hésite constamment entre la valorisation de l'individu à qui est révélé une telle inaccessible Transcendance et, revers de cette inaccessibilité, la fusion du moi dans le monde : « Il n'existe qu'un seul litige, écrit-il, celui de savoir si c'est le tout ou le particulier qui prédomine ». Dans cette hésitation où se construit la singularité des tonalités hölderliniennes et d'une œuvre, apparaît un aspect fondamental de la Vérité – avant que Hegel n'aveugle précisément la conscience de cet aspect. Hegel construit l'intelligence parfaite de l'unitotalité, mais à l'ombre de l'éclair lancé par le feu de l'Unique.

*

> *Vraiment, mon cher ami, j'ai besoin de toi, et je crois que tu pourras aussi avoir besoin de moi. Ta venue ici doit être la préface d'un livre long, très long, intéressant et* dépourvu d'érudition, *dont toi et moi seront les auteurs.*
>
> Hölderlin à Hegel

*

Hegel regarde au cœur de la nature se manifester ce qui la porte à faire jaillir des figures qui dépassent la sphère de son règne. La recherche hölderlinienne et la recherche hégélienne, si elles s'expriment parfois toutes deux dans l'apparence d'un même souci, se situent à deux niveaux de questionnement bien distincts. Hölderlin est travaillé par un appel dont la force le désempare et dont il ne saura comment maîtriser les surgissements, mais Hegel laboure le champ phénoménal en y laissant s'épanouir, en un cadre immanent, l'unité du rationnel et du réel. Les deux hommes sont l'un pour l'autre les interlocuteurs d'un dialogue considérable qui commence en une proximité mais se continue dans l'écart d'un contrepoint au sein duquel le positionnement de l'un est une réponse harmonieusement contradictoire à celui de l'autre ; l'ensemble s'achève dans la distance infranchissable de deux comportements qui continuent à se faire face mais en un contrepoint où chacun répond à l'autre afin de ne plus pouvoir se parler car Hegel a choisi d'accomplir une possibilité ouverte par l'incessant foisonnement de l'œuvre hölderlinien. Le contrepoint ne s'interrompt jamais, l'entrelacs joue sans cesse, mais l'harmonie tisse au cœur de sa résonance des fils toujours plus lointains établissant une tension contrapunctique toujours plus vive – donc toujours plus belle s'il est vrai que le rôle du contrepoint est de parvenir à nouer des registres qui acquièrent une autonomie de plus en plus grande à mesure qu'avance la partition.

*

Écris-moi bientôt, cher Hegel! Il m'est impossible de me passer entièrement de tes nouvelles.

Hölderlin à Hegel

*

La grandeur de la pensée hégélienne est invincible au sein du cadre où elle choisit d'évoluer. Ce cadre est limité, il est celui de l'immanence, non celui du Principe, mais c'est précisément le cadre que s'est choisi la philosophie obvie. Hegel parvient à faire naître irréfutablement la possibilité de spiritualité dans la vie humaine tout en demeurant dans un cadre immanentiste. D'un côté l'hégélianisme clôt le champ philosophique sur lui-même, de l'autre il lui donne au sein de l'isolement des dimensions inestimables.

Après Hegel, la philosophie obvie ne peut que déchoir si elle n'accepte pas d'intégrer pleinement cet apport. Et cet apport est, d'une part, l'abolition de toute validité que l'on voudrait accorder aux représentations dualistes de la conscience subjective, d'autre part, la manifestation des Idées et des Essences comme indestructible archétype de précédence. La conscience représentative, est repliée sur elle-même, elle se tient pour soi face à son autre; il n'empêche que la nature qu'elle regarde, c'est elle-même à un stade antérieur de l'auto-génération. En l'humain la nature devient consciente de soi, mais cette conscience serait impossible si l'esprit n'était déjà immanent à cette nature. La scission sujet-objet est nécessaire, mais dans cette séparation, chaque terme se rapporte à l'autre en un processus qui fait de cet autre *son* autre; chaque un est par conséquent ontologiquement en unité avec chaque autre. La conscience n'est pas étrangère à son objet; l'homme est, dans cette scission même, en unité avec la réalité.

*

Tu m'enlevas à la table et à la demeure paternelles
Pour m'entraîner dans le feu de tes luttes.
Pensais-tu que le fracas de ton char de bataille

Retentirait en vain à mon oreille ?
Le poids des travaux que tu assumais
Chaque fois exaltait mon âme.
Ton disciple, certes, a payé rançon pour te suivre,
Tes rayons, astre orgueilleux,
Ont infligé à mon cœur leur brûlure,
Mais ils ne l'ont pas encore consumé.

Hölderlin
(*À Hercule*)

*

Cet équilibre, dont Hölderlin vécut les aisances fondatrices comme sa tentation unitotalitaire, fait précisément paraître un saisissant contraste avec l'état d'esprit de la quête hölderlinienne. En contre-sujet du contrepoint, Hölderlin conçoit son art comme un acte de résistance face au retrait des pôles d'unité.

Mais Hegel affirme que poser la totalité comme non-effective au départ revient, à la fin de la démarche, à la poser comme hors d'atteinte de toute rationalité; réciproquement, poser au départ la totalité comme hors d'atteinte de la rationalité revient, à la fin, à la poser comme non-effective.

Est-ce dire que Hegel veut présupposer l'identité absolue comme acquise dès le départ? Non, car il refuse le point de vue de Jacobi : une identité présupposée n'est pas prouvée, puisqu'elle reste en dehors de la pensée. Hegel désire s'affranchir du dualisme. C'est en se dressant contre les deux points de vue, celui de l'identité abstraite et immédiate placée au principe et de la scission irrémédiable, celui de Jacobi et celui de Hölderlin, que Hegel expliquera, des années plus tard, ce qui constitue pour lui le passage de l'adolescence vers l'âge adulte. Un texte issu des additions de l'*Encyclopédie* (§ 396) décrit ce passage mais plus profondément, un quart de siècle après les événements qu'il a vécus, peint le portrait qu'il se figure être celui de son ami Hölderlin qu'il n'a plus revu ni ne reverra. Ce texte ne rend pas justice à l'œuvre du poète ni à la profondeur de sa personnalité, mais portraiture un caractère ontologique qui chez Hegel provoqua de l'angoisse durant toute sa vie, un caractère contre lequel il bâtit sa propre pensée. Dans un vocabulaire précis qui est celui de son système achevé, se souvenant de ces terribles « années d'apprentissage » au cours desquelles lui-même traversa une période de péril intérieur et justement à Francfort lorsqu'il était auprès de Hölderlin, Hegel dit ainsi l'idée réductrice mais révélatrice qu'il se fait de l'itinéraire de son ami : « Le jeune homme se tourne en général vers l'universel substantiel; son idéal ne lui apparaît plus, comme à l'adolescent, dans la personne d'un homme, mais est appréhendé par lui comme un universel indépendant d'une telle singularité. Cependant, cet idéal a encore, chez le jeune homme, une figure plus ou moins subjective, qu'il vive en lui comme idéal de l'amour ou de l'amitié, ou comme idéal d'un état-du-monde universel. Dans cette subjectivité du contenu substantiel d'un tel idéal ne réside pas seulement son opposition au monde présent, mais aussi l'impulsion à supprimer cette opposition par la réalisation effective de l'idéal. Le contenu de l'idéal infuse au jeune homme le sentiment de la force d'agir; c'est pourquoi le jeune homme s'imagine appelé et apte à transformer le monde, ou, du moins, à rétablir en son état le monde qui lui semble sorti de ses gonds. Que l'universel substantiel contenu dans son idéal soit, quant à son essence, déjà parvenu dans le monde à sa réalisation effective, cela n'est pas discerné par l'esprit exalté du jeune homme. La réalisation effective de cet universel lui semble être une chute hors de celui-ci». Et celui qui est devenu le maître à penser de Berlin ajoute, on ne peut plus explicite : « L'impossibilité d'une réalisation immédiate de ses idéaux peut rendre hypocondriaque le jeune homme. À cette hypocondrie (quelque inapparente qu'elle puisse être chez beaucoup), nul n'échappe aisément. Plus tard l'homme est surpris par elle, plus graves sont ses symptômes. Chez des natures faibles, elle peut s'étendre à travers toute la vie. Dans cette humeur maladive, l'homme ne veut pas renoncer à sa subjectivité, il ne peut pas surmonter son aversion à l'égard de la réalité effective. Si donc l'homme ne veut pas sombrer, il lui faut reconnaître le monde comme un monde subsistant-par-soi, pour l'essentiel *tout achevé*. »

Aucune compréhension de l'œuvre de Hölderlin ne s'avère ici présente, mais en contrepoint Hegel affirme la teneur propre de son système, et quelques-unes des nuances de la pensée hölderlinienne finissent par apparaître au sein du contre-point, en contre-sujet. Ainsi Hegel renvoie-t-il pour les exalter ou les contrarier à des passages de *Être et jugement* lorsqu'il affirme que le Rationnel possède la puissance absolue de se réaliser et qu'il s'est toujours déjà accompli. Ce monde est comme il doit être. La remise en cause contrapunctique se poursuit : « En vérité, l'unité de l'homme avec le monde ne doit pas être connue comme un Rapport imposé par la nécessité, mais comme le Rapport rationnel. Ce qui est rationnel, divin, possède la puissance absolue de se réaliser effectivement, et s'est accompli de tout temps ».

Le passage à l'âge adulte n'est autre que le gain d'une conception du Soi fidèle à la vie de l'être comme mobilité. La maturité, c'est la réconciliation avec cette dynamique de mobilité identifiée à la vie et reconnue dans les structures de la subjectivité ; c'est donc l'identité conquise de la vie et de la pensée. Tout est dans l'être, le vrai est le tout. Il n'y a aucune raison de valoriser la pensée abstraite au détriment de l'être, ou l'être au détriment de la pensée. Il y a de la pensée dans les choses, mais il y a aussi de l'être. Aucune chose n'est sans son autre contre et avec (*cum*) lequel il est pris (*captum*). Ainsi, comme l'écrit Hegel à Duboc en avril 1823, « dans le sens de l'Absolu philosophique, je définis le vrai comme ce qui est concret en soi, c'est-à-dire comme l'unité des déterminations opposées en soi, de telle sorte que cette opposition est encore contenue dans l'unité ; ou encore : je définis la vérité non comme quelque chose d'immobile, de figé, mais comme mouvement, vie en soi-même ».

Au sein de cette intelligence de l'immanence, le visage de Hölderlin est considérablement refoulé, auquel pourtant Hegel pense toujours après tant d'années. Ce visage est caricaturé par une pensée surpuissante dont les vertus d'absorption sont quasiment irréfragables. Mais, pour peu que l'on soit capable de le penser véritablement, le regard que Hölderlin portait sur l'être est plus vaste que le champ au sein duquel opère la puissance du Concept hégélien. Aussi, pour une pensée plus vaste, pour une pensée d'avant les siècles, pour une pensée qui connaît la résonance au sein de laquelle ces deux lignes de sonorité se constituent en contrepoint, pour une pensée qui absorbe dans un plus ample espace l'ensemble de ces deux registres mélodiques, le regard de Hölderlin paraît lui-même comme ce à partir de quoi la doctrine de Hegel a pris une décision. Hegel est une propriété possible dans la quête de Hölderlin : la chose apparaît à la toute fin du temps, lorsque l'histoire universelle est achevée et que l'histoire sacrée déploie une aile par-dessus sa tête.

*

> *Le jour où nous serons de nouveau réunis, ce jour nous rajeunira passablement. Alors je prendrai possession de toi, et je me réjouirai de ta présence.*
>
> Hölderlin à Hegel

*

Le thème hégélien achève ainsi son exposition. Sa tonalité dit le mot totalité.

La totalité, ce n'est pas une identité immédiate de tous les éléments en un, c'est un ensemble d'éléments contraires qui se rapportent l'un à l'autre et dans lequel la lutte de chacun avec son autre crée le mouvement.

Chez Hegel, la « réflexion » n'est pas un terme noétique, mais une fonction ontologique. Chaque chose se réfléchit dans son autre en tant qu'elle se détermine contre cet autre. Cette détermination négative permet à un objet quelconque d'être l'objet qu'il est : être « ceci » ou « cela », c'est ne pas être autre chose, c'est donc prendre appui sur cet autre pour rentrer en soi-même. Cette identité du prendre-appui et du repli sur soi est la réflexion (du latin *flectere, flexi, flectum* : plier; se tourner et en même se détourner). L'autre est ainsi miroir et occasion de retour vers soi, découverte de soi par voie de médiation, mise en évidence de la déterminité de chacun des termes d'une opposition. Hegel n'entre jamais dans le sens de la réflexion, mais il use de sa fonction dynamique afin de trouver là le motif animateur des mobilités du système.

La totalité unit les éléments antagoniques qui entrent en relation les uns avec les autres et dont l'universel conflit produit la mobilité d'ensemble et de détail propre à la vie du tout. Chaque être possède en lui une tendance à réaliser ce qui lui est propre, et l'immanence en lui du tout constitue sa virtualité de devenir et d'évolution. Chacun se réfléchit en son autre, et la totalité de ce mouvement de réflexion est l'œuvre du Sujet absolu qui s'extériorise afin de pénétrer dans l'effectivité, et réfléchit son universalité dans les particuliers qui aspirent à leur essence et se meuvent pour la réaliser. L'Absolu reconnaît son propre bien quand il est ainsi aimé par la nature entière, dans une même aspiration de chaque être à réaliser son essence.

*

Ô Éther paternel,
La nourriture terrestre à elle seule ne fait pas grandir les êtres.
C'est toi qui les nourris de ton nectar.
Et l'air vivifiant, jailli de ta plénitude,
Afflue et ruisselle dans tous les vaisseaux de la vie.
Aussi tous les êtres t'aiment, te cherchent, s'élancent vers toi,
Sans se lasser jamais, au cours de leur heureuse croissance.

Hölderlin
(À l'Éther)

*

Chaque objet courant, dit Hegel, est à la fois être-en-soi et être-là (une essence et une existence); il est concertante opposition des deux en une seule totalité. Au sein de cette totalité, aucun des pôles ne peut être réduit à l'autre, tout en restant en nécessaire rapport avec cet autre : un arbre, par exemple, est un étant ancré en finitude, un être-là (un *Dasein* dit Hegel), un être déterminé, mais il porte aussi en soi-même son essence universelle, l'essence de l'arbre. C'est en partant de cette tension que l'on peut comprendre pourquoi il se meut ; l'arbre déterminé et particulier s'oppose à son essence universelle, il est fini ; mais il porte ce négatif, cet autre (son en-soi) en lui-même ; ainsi en même temps qu'il s'oppose à cet arbre en soi qu'il n'est pas, il s'identifie à cet autre sans lequel il n'est rien, il est donc autant cet autre que lui-même. Pour que l'arbre soit, il faut qu'il sorte de son être-en-soi, qu'il se particularise, qu'il devienne un être-là déterminé ; mais en se finitisant ainsi, il se limite et devient *tel* arbre. Cet arbre particulier ressent alors son en-soi comme un manque et aspire à combler ce manque, à sortir de soi pour devenir ce qu'il est, pour réaliser son essence qu'il ressent comme un devoir-être ontologique. Le manque n'est donc pas un véritable manque, mais la plénitude paradoxale d'un acquis sur le mode négatif, soit une vivante contradiction ; il est la pleine présence de l'autre sur le mode négatif.

*

Le ciel a d'abord touché légèrement, d'une goutte d'argent,
Son frère le fleuve.

Hölderlin
(*À Diotima*)

*

C'est cette contradiction entre l'en-soi qui a besoin de l'être-là pour *être*, et l'être-là qui a besoin de l'en-soi pour *être quelque chose*, que reflète le mouvement de la vie. La vie naît de la contradiction d'une opposition dont les termes sont irréductibles l'un à l'autre et pourtant en unité, chacun n'étant que dans son rapport à son autre. Et « la philosophie a pour tâche de poser l'être dans le non-être comme devenir, la division en deux dans l'Absolu comme sa manifestation et le fini dans l'infini comme la vie », écrit Hegel dans *La Différence entre les systèmes de Fichte et de Schelling*.

L'unité de l'Absolu n'est qu'au sein de la scission, l'identité se tient dans la différence comme l'identité *de* cette différence : c'est là seulement que pour Hegel le Sujet absolu est possible. Le lien de la Raison et de l'entendement est donc compris comme le mouvement d'identification du Sujet absolu avec soi-même : le Sujet absolu fait consister l'unité de son Soi en l'identité de la différence nécessaire. Chaque terme s'*oppose* à son autre, mais c'est aussi dire qu'il *s'*oppose à lui : il est *avec et contre* lui, dans le jeu infini avec soi-même du Sujet absolu, c'est-à-dire de la totalité auto-consciente.

CONTRAPUNCTUS II

Réponse

I. *Sujet – L'Absolu protéique*

Hegel se donne une exigence : mettre à profit le mouvement qu'il reconnaît dans le jeu d'identité et de différence au sein duquel la conscience est engagée. S'appuyer sur ce jeu afin de s'y laisser ébattre toute la mobilité du monde, de la nature à l'art, de l'individualité humaine à l'État en passant par l'histoire universelle, telle est la tâche que, par le patient enchâssement des contrepoints propres à chaque phénomène au sein de l'ultime contrepoint d'un Sujet absolu qui les déploie, s'assigne le bouillonnant système hégélien. Il s'agit de tenir ontologiquement compte, mais en la déployant plutôt qu'en en cherchant la source, de cette conscience de soi qui au cœur de l'humain structure et dépasse l'humain – car celui-ci se trouve plongé en elle plus encore qu'en son corps, et à chaque pas se voit par elle précédé. Une stance dynamique qui dépasse l'homme a lieu au cœur de l'homme où elle trouve un domaine de concentration de soi et d'intensification qui permet de la regarder tout en en étant saisi : c'est la conscience de soi. Cette stance dynamique se met à distance de soi-même tout en restant auprès de soi-même.

Cette forme d'inquiétude inhérente à la pensée peut permettre à cette même pensée, estime Hegel, de ne pas se contenter de prendre les formes fixes pour mesure, de ne pas se raidir, mais de laisser s'animer la totalité qu'elle porte en ne demeurant pas aveugle à la mobilité intime de la conscience. La conscience découvre un reflet d'elle-même dans la vie qu'elle trouve sous ses yeux et dont la mobilité est une figure de la sienne propre. Se mettre à l'école de « la vie », c'est découvrir l'inquiétude essentielle de la conscience, et ainsi assumer de pénétrer dans la négativité de cette conscience afin de se donner les moyens de « penser la vie ». Tout l'effort de la doctrine hégélienne consiste à parvenir, avec inégalable puissance, au point de paroxystique expression de l'universelle totalité qu'il reclôt sur elle-même. Mais à nul moment cet effort pour « penser la vie » n'aura idée de penser la pensée soit d'aller au centre de possibilité d'où jaillit la conscience. Hegel utilise le fructueux processus qu'il voit faire à la conscience, il en use avec gloutonnerie, mais jamais le lieu de la conscience n'est regardé dans la possibilité de son essence. Ce que Hegel accomplit, nul ne saura l'opérer mieux que lui et ce sont des siècles de perquisition immanentiste qui trouvent ici satisfaction; cependant est dissimulé du même coup, avec une force équivalente, ce qui se trouve derrière l'œil capable d'une telle encyclopédie.

*

La source éveillée s'enfuit.

Hölderlin
(*Au Matin*)

*

Le cheminement de la conscience à travers les étapes que celle-ci traverse en découvrant comment la globalité des phénomènes s'intériorise au sein d'un Soi cosmique, ce cheminement d'épreuves qui à la fin découvre qu'une instance absolue l'accompagne, cet apprentissage détourne la conscience du sens de son essence tout en lui donnant l'infatigable divertissement d'une polyvalence aux imperturbables directions.

*

Non, je ne le permettrai pas. Toujours et toujours
Avancer en enfant, et comme en une geôle,
À tout petits pas mesurés,
Jour après jour! Je ne le permettrai pas.

Hölderlin
(*Le Laurier*)

*

La *Phénoménologie de l'esprit* entend faire apparaître la conscience, d'abord présente à soi-même dans la conscience individuelle, comme forme absolue et infinie de l'être – une conscience dont la dynamique est celle d'un processus dépassant ainsi considérablement ce que le sens commun croit posséder en elle, et dont chaque individu est un inconscient témoin. Cette conscience est comprise à la fin comme la conscience de soi du Sujet absolu pour qui le monde constitue objet de réflexion, c'est-à-dire le reflet dont il fait surgir sa propre conscience de soi, ou encore le lieu de rebond dont il fait ressortir son infinité. Schiller, dans *l'Amitié*, dit ces mots sur lesquels Hegel achève sa *Phénoménologie*: « Depuis ce calice du royaume entier des âmes déborde pour l'Esprit l'Infinité ».

Par un geste de grande simplicité qui consiste à s'abandonner au contenu, à s'enfoncer « dans la Chose même » (expression qui aura une grande fortune chez Husserl et chez Heidegger), la conscience pérégrinante doit se laisser révéler que le Sujet absolu, qui sera aussi appelé « le Concept », est l'origine du mouvement qui conduit jusqu'à lui-même.

Le rôle que joue la remarquable et redoutable *Préface* de l'ouvrage, qui ne fut écrite qu'une fois l'œuvre achevée, est de nous indiquer de l'extérieur ce que la conscience qui pénétrera dans l'ouvrage s'appropriera de l'intérieur, autrement dit le terme de cette odyssée; aussi la *Préface* est-elle écrite par un homme devenu philosophe selon les termes de la pensée hégélienne, par le philosophe qui a parcouru la totalité du chemin et qui est parvenu au résultat. Ce résultat n'est pas encore prouvé, il ne peut l'être que pour celui qui accepte le pèlerinage : la dimension existentielle de la pensée hégélienne est déterminante à qui voudrait la comprendre. Ce à quoi aboutit le cheminement de la conscience ne peut être prouvé dans une préface, forme d'écriture que Hegel considère comme « exotérique », comme extérieure au déploiement que le Sujet absolu accomplit derrière le dos de la conscience pérégrinante. Ce déploiement se confond avec le déroulement de « la Philosophie même », ce déploiement est pour Hegel la Philosophie, la Science, le Savoir absolu. Lorsque la conscience qui chemine parvient à intérioriser la totalité de son parcours et à y voir l'action d'une conscience plus vaste à l'œuvre comme totalité du monde, de l'histoire et du temps, elle devient la conscience du philosophe, elle devient la Philosophie.

Seule la *Phénoménologie de l'esprit* dans son ensemble et en tant que telle peut être dite proprement scientifique et objective : elle est la totalité des moments recueillis par celui qui chemine, et seule cette totalité peut prétendre constituer la subjectivité vivante, « car, dit Hegel, la Chose n'est pas épuisée dans son but, mais dans sa réalisation détaillée, et le résultat n'est pas le tout effectif, mais il l'est pris ensemble avec son devenir; le résultat pris seulement pour lui-même, est l'universel non vivant, tout comme la simple pulsion est cette poussée qui manque encore de son effectivité; et le résultat nu est le cadavre qui a laissé son impulsion derrière soi ». Avant d'entrer dans le mouvement du contenu, on ne saurait par conséquent apporter quoi que ce soit d'extérieur à ce contenu : il y a la conscience et ce qui lui fait face, son objet, son *Gegenstand* dit éloquemment l'allemand, soit ce qui fait face. Il n'est cependant pas inutile, et c'est pourquoi Hegel s'y emploie, de renseigner le lecteur sur l'aboutissement du chemin, car il faut bien connaître quel est l'enjeu : le Savoir absolu – non pas l'absolu du savoir mais une science reprise par la liberté qui n'a pas encore été libérée en elle pour la conscience individuelle. Une fois cet enjeu connu, il faut paradoxalement se souvenir de ne pas s'en souvenir…

*

La nature de l'homme antique, réconciliatrice et totalisante,
Fermente, grossière et claire, depuis les remous du temps.
Beauté de mobilité, reviens dans les cœurs misérables de ce peuple,
Reprends la place qui est la tienne à la table hospitalière, et dans nos temples.

Hölderlin
(*Diotima*)

*

Toute l'originalité de ce livre explosif, complexe, baroque qui fut écrit entre 1802 et 1806, toute l'originalité de cette *Phénoménologie de l'esprit* vient de ce double regard porté sur le cheminement de la conscience : un regard qui sait déjà (le regard de celui qui a écrit l'ouvrage et dont la conscience a pris la figure des multiples étapes qui y sont rapportées et qui entrent en lutte les unes avec les autres avant que n'éclate leur harmonie dialectique), puis un autre regard qui au contraire ne sait rien (celui du lecteur qui découvre l'ouvrage). L'incontournable *Préface* du livre vient créer une région entre ces deux regards, en rendant possible que soient visibles les lignes directrices qui restituent à son intelligence propre le résultat, mais en exigeant, par un hermétisme fort bien étudié, que le résultat ne soit perceptible que de manière fort lointaine. Ainsi le lecteur, puisqu'il y est malgré lui rappelé, peut-il se rappeler que cette liminaire énarration du résultat ne doit jamais être prise en compte comme principe de lecture, que la Préface devrait être idéalement oubliée au moment où la pensée pénètre dans la nudité du face-à-face avec l'objet : car dans le cas contraire le résultat deviendrait à son tour un présupposé, et l'on s'aveuglerait en estimant qu'à chaque étape l'expérience de la conscience n'est pas faite à l'aveugle.

Chaque étape de l'expérience de la conscience doit être intégralement traversée, rappelle Hegel, et le résultat n'est pas connu par la conscience initiale comme moteur de son expérience. C'est à la fin que la démarche phénoménologique retrouvera le résultat dans sa nécessité rationnelle et comme étant présent depuis le départ, mais pour y parvenir il faut, au moment du premier pas, ne pas omettre de n'en rien savoir, il faut se laisser guider uniquement par le mouvement du contenu. La conscience avance en passant d'une insatisfaction à l'autre, et non en se disant qu'elle n'a pas encore atteint le résultat : le résultat n'est atteint qu'une fois éteinte toute illusion, une fois chassé tout dualisme, une fois parcouru ce « chemin de doute et de désespoir » dont la remembrance terminale fait naître chez Hegel un repos de l'immanence sur elle-même.

*

Tout ce qui fut la proie du temps
Refleurira demain plus beau.
De la destruction naîtra le printemps
Comme Uranie naquit des flots.

Hölderlin
(Hymne à la liberté)

*

« Ce dont tout dépend, dit Hegel, selon mon discernement, qui doit se justifier seulement par la présentation du système lui-même, ce n'est pas d'appréhender et exprimer le vrai comme *substance*, mais de l'appréhender et exprimer tout autant comme *sujet* ». Mais le terme de « sujet » a été tant galvaudé, il est passé entre tant de mains, que ce soit pour se voir exalter ou malmener, dogmatiser ou nier, il a servi de monnaie à tant de bavards, et il a été confisqué par tant d'apprentis heideggeriens, qu'il est capital de distinguer ce qui constitue chez Hegel son exacte signification et ses différentes couches d'intelligibilité.

Lorsque Hegel s'empare de la notion de sujet, le terme est imprégné par les référents de toute une tradition, celle de la philosophie représentative, ce pourquoi l'on ne peut être que surpris d'entendre Hegel affirmer que l'identité du sujet et de l'objet est un Sujet… Comment comprendre cette expression dans la bouche de celui qui ne décolère pas face à l'idéalisme kantien puis à l'idéalisme fichtéen qu'il accuse précisément d'être subjectifs ? L'identité du sujet et de l'objet qui est un Sujet n'est-elle pas tout simplement un retour au premier sujet de cette relation d'identité ? Que nous enseigne l'analyse du mot *Subjekt* ? Si l'on décompose le mot même suivant sa racine latine, l'on y voit la préposition *sub* (sous) et un radical qui provient du verbe *jacio* (*jacere, jactum*). Or toute la signification hégélienne du mot « sujet » dépend de la richesse de sens de ce verbe latin.

Chacun sait que le premier sens de ce verbe est : lancer, jeter (*lapides jacere*, jeter des pierres). Mais *jacio*, c'est aussi « fonder » ou « élever » (au sens de *aggerem jacere*, construire une terrasse). L'on est ainsi conduit spontanément et de l'intérieur même du mot à l'un de ses dérivés : le verbe *jaceo*, qui signifie « être étendu », « s'étendre », mais aussi par extension : « être calme », « être stagnant », « *demeurer immobile sous* ».

Aussi peut-on relever deux composantes fondamentales dans le mot *Subjekt* : d'une part, la signification de quelque chose de sous-jacent, qui gît dessous (issue de *sub-jaceo*) ; d'autre part, un acte-de-jeter, un mouvement de lancement ou de jaillissement provenant d'un *sub*, d'un fond (sens issu de *sub-jacio*). En outre, le participe du verbe *jacio* étant *jactum*, et le verbe *jaceo* dérivé de *jacio* n'ayant en revanche aucun radical du supin, il n'y a donc qu'un seul participe en jeu, celui de *jacio*, ce qui prouve qu'il n'est aucunement question dans la notion de *Subjekt* d'une origine qui serait seulement à puiser dans le verbe *jaceo*. Il n'y a donc aucune raison d'interpréter ici *Subjekt* seulement comme « ce qui se tient dessous », ou, à la manière de Heidegger, de lire la subjectivité comme subjectité selon le schème de l'*hupokeimenon* et à l'exclusion de l'aspect dynamique et projetant du verbe *jacio* qui s'y trouve étymologiquement attaché.

Ces considérations de langue nous apprennent que le sujet hégélien, qui est l'unité du sujet et de l'objet, ne peut l'être que si « sujet » est pris dans un sens plus profond que le sens courant, et nous apprennent précisément qu'il l'est, car ce « sujet » qui fait l'unité est tout autant actif que passif : le *Subjekt* du système hégélien n'est pas à saisir seulement comme un être qui se tient dessous, un substrat passif qui recueille les données de l'être extérieur à titre de représentations, mais tout autant et même plus, comme un acte, comme un pouvoir de se projeter soi-même au-delà de soi. Ainsi, pour Hegel, la sub-stance (*sub-sto* a un sens synonyme de *sub-jaceo*) est aussi su-*jet* (de *jacio*). L'identité à soi du Sujet absolu (exprimée dans l'inertie du mot substance) n'est rien d'autre que son acte de se pro-*jeter* à l'extérieur de soi. Le Sujet absolu est jaillissement du dessous (un *Subjekt*), jaillissement d'un soubassement dont l'essence, le sol, est l'absence de sol, d'un *stare* dont la seule stabilité est l'absence de toute stabilité ; la substance de la substance est ici de n'avoir pas de stance pure, d'évacuer toute dimension attachée au *stare*, au *jaceo*, mais elle est un *jaceo* qui répond à son essence originaire c'est-à-dire qui puise dans le verbe *jacio* :

un Sujet absolu dont l'identité est « la vie » dont Hegel voit le schème fourni par l'immanence comme absolue pierre de touche, une « vie » qui pour seule loi de stabilité étale la mobilité.

*

Âme sublime, par qui mon cœur
Guéri de l'angoisse
Se promet la jeunesse éternelle des dieux.

Hölderlin
(*Diotima*)

*

Hegel se découvre une nouvelle notion de subjectivité : le *Su-jet* est un gésir qui est jaillir. Le « fondement » dont parle la *Doctrine de l'Essence*, est ce *Grund* qui fait partie des mots allemands dont Hegel aime la texture intimement paradoxale puisqu'il signifie à la fois abîme et fondement, effondrement et sol (*jacio* et *jaceo*). Lorsque le sujet est ainsi exprimé comme substance et tout uniment la substance comme sujet (réciprocité de définition qui est le Sujet absolu lui-même), l'identité à soi subjective de la représentation atteint le point de vue qui en surmonte les limites ; le repliement sur soi de la conscience se trouve inscrit dans le mouvement de la totalité comme moment du sujet qui se *pose* soi-même dans sa particularité au sein de l'altérité… L'Identité absolue du Sujet divin n'est autre que cet acte de se réfléchir dans l'autre afin de prendre conscience de soi. Entre l'identité à soi du sujet représentatif et l'identité à soi absolue du Sujet de la Philosophie, il y a toute la distance qui sépare un moi abstrait d'un Soi concret – et il n'y a réellement d'identité que dans un *Soi*. Car le Soi est *relation* absolue *à* soi *dans* soi : il est Rapport absolu en ce sens qu'il contient en lui (*ver-hältet*) l'entretien avec soi (*Ver-hältnis*) ; tandis qu'au contraire le moi reste crispé sur l'un des deux termes de l'ensemble Moi = Moi, qui, prise dans sa totalité même et seulement comme cette totalité, est le Soi. Ainsi, écrit Hegel, « la substance vivante n'est, en outre, l'être, qui est, en vérité, *sujet*, ou, ce qui signifie la même chose, qui est, en vérité, effectif, que dans la mesure où elle est le mouvement de la position de soi-même, ou la médiation avec soi-même du devenir autre à soi ».

Le statut de la réflexion est un problème qui hante tout l'idéalisme allemand, non pour en demander la source, la possibilité, mais pour en rechercher l'exploitation : quelle doit être la place de la réflexion dans le Sujet absolu ? La réflexion appartient en propre au sujet représentatif, c'est-à-dire également au sujet singulier qui est engagé dans l'activité philosophante. La question devient donc celle de savoir quelle doit être la place du sujet philosophant dans le système achevé afin que ce sujet ne soit pas extérieur au système, et de penser donc en général un Sujet absolu qui prenne sur lui le jeu spéculaire propre au sujet réfléchissant. Le Système hégélien n'est pas du tout conçu comme un produit extérieur à la pensée, mais comme le fait d'une réalité qui, dans la conscience particulière, s'établit par ses propres forces et prend conscience de soi. Le statut général de toute entreprise de pensée, qui chez les postkantiens prend le nom de « système », reflète l'intensité d'une recherche inaboutie mais on ne peut plus légitime, conséquence d'une vigueur rationnelle bien plus subtile, généreuse et complexe que ne le laissent entendre les habituels flonflons des ignorants détracteurs. Le « système » ne s'entend pas comme un délire présomptueux, une frénésie totalitaire, une fuite dans des palais d'idées. À l'inverse chez Hegel un acte de dessaisissement explicitement l'accompagne puisque le système est le contenu qui s'organise dialectiquement seul sous mes yeux sans que j'intervienne dans sa construction, tout de même qu'en la situation du physicien qui, en observateur, n'intervient pas et laisse jouer l'appareillage du processus expérimental. À ceci près qu'en cette occurrence l'appareillage, la « méthode », fait partie du contenu et l'exprime - car tout le problème reste de savoir quelle est la position exacte du sujet réfléchissant par rapport au déploiement du Sujet du système.

*

Salut à toi, amoureuse totalité!
Rompant ses chaînes, le fleuve te chante des hymnes de fête
Qui font trembler ses propres rives; et nous, jeunes gens, de nous élancer
Avec des cris de joie vers ce fleuve qui te célèbre,
D'offrir nos poitrines brûlantes à ton haleine aimante,
De nous précipiter dans le fleuve, et, nous joignant à ses allégresses,
De te convoquer en fraternité.

Hölderlin
(*Au Printemps*)

*

La solution hégélienne de ce problème consiste à placer certaines propriétés dynamiques de la réflexion au sein même du Sujet du système. Mettant en perspective dans sa jeunesse les différences entre les systèmes de Fichte et de Schelling, Hegel s'interroge sur « la réflexion comme instrument pour philosopher ». La réflexion ne l'intéresse en rien comme motif d'un regard vers ce qui ouvre ontologiquement la possibilité de son comportement, elle est, et la chose est très-clairement dite, un instrument au service d'un but dont l'état d'esprit n'est pas de penser le Principe dans sa teneur de plénitude mais de penser la façon dont le Principe se remplit à mesure qu'apparaît la manière dont il diffuse le monde et dont il consiste cet acte de diffusion sans lequel il n'est rien. En lui-même le Principe est vide, l'être est néant s'il ne montre pas sa vérité comme devenir. Aussi, en ce contexte immanentiste où toute teneur autre que diffusive est déniée à l'être que l'on n'explore qu'afin de mieux y voir éclore une donation de monde, l'intuition intellectuelle prise comme point de départ ne saurait constituer quoi que ce soit de probant, car elle ne parvient qu'à mettre au commencement la vacuité d'un Être dénué de toute ultérieure capacité dynamique à se remplir.

En se dirigeant trop vite vers une notion immédiate de l'identité fournit par une intuition intellectuelle incapable de donner un contenu, sans laisser cette identité manifester librement la puissance de sa dynamique propre, on la perd. La solution de Schelling, en ce qui concerne la place du sujet philosophant dans le système, consiste à abolir tout simplement, au profit d'une unité indifférenciée, le point de vue de la conscience finie, et à donner toute positivité à l'unité comprise comme exclusion de la différence et donc privée de la vie réflexive. Schelling renie l'existence de la finitude et balaie d'un simple revers de main l'existence de la différence en la considérant comme une illusion. Son Absolu ne porte pas en lui la particularité comme réalité assumée au sein d'une totalité organique, cet Absolu est pour Hegel « la nuit » d'indifférence dans laquelle « toutes les vaches sont noires »; cette connaissance de l'Absolu n'est autre qu'un « grand balai qui déblaie tout et qui fait la maison nette ».

Or, comme le montre Hegel, toute négation immédiate ne fait que déplacer ce qu'elle prétend supprimer, elle ne fait que le refouler, et l'objet nié reste toujours implicitement présent dans le sujet niant. La Substance absolue du jeune Schelling, dont la philosophie semble s'ébattre parmi les lignes directrices d'une sorte de néo-bouddhisme situé au sein des brumes tudesques, apparaît alors comme laissant toute détermination de finitude en dehors d'elle. Toute détermination survient de l'extérieur et accidentellement à la Substance, et n'est donc au fond que mon fait : l'Unité absolue n'est ainsi présente qu'inaccessible en soi et se tient devant un autre qui la regarde de l'extérieur, elle est étrangère à toute détermination. Un tel absolu n'a pour Hegel d'absolu que le nom, car il se situe en régime d'extériorité, et toute l'âme est ainsi résumée des contradictions du jeune

Schelling : « Il faut construire l'Absolu pour la conscience, car telle est la tâche de la philosophie; mais l'acte de produire et les produits de la réflexion ne sont que des limitations, donc il y a là contradiction. L'Absolu doit être réfléchi, posé; mais de cette manière, on ne le pose pas, on l'abroge, car en le posant, on l'a limité ».

*

J'ai aussi vu un pôle gelé, où les glaciers s'amoncelaient
En un chaos de blocs croulants.
Sous la capuche de neige comme morte y dormait la vie
Et dans son sommeil d'airain attendait le jour en vain.
Car cet Olympe n'étendait pas si loin son bras
Qu'il puisse prétendre étreindre la Terre ni la réchauffer
Comme Pygmalion envers sa bien-aimée;
Il ne lui prodiguait ni l'émouvante caresse du Soleil,
Ni les amicales paroles de la pluie et de la rosée.

Hölderlin
(*Le Voyageur*)

*

Hegel intensifie sa pensée : il y s'agit non seulement de saisir la réflexion du sujet philosophant à l'intérieur même du Sujet du système, mais, en outre, comme acte absolu de l'identité propre à ce Sujet. « La tâche par excellence, dit-il, consiste à montrer dans quelle mesure la réflexion est capable de saisir l'Absolu et, par son œuvre spéculative, doit et peut se synthétiser avec l'intuition absolue et s'intégrer ainsi subjectivement pour soi, tout comme doit s'intégrer son produit, l'Absolu construit dans la conscience ». D'un seul trait, Hegel dépasse le point de vue défendu par Schelling, celui de l'identité indifférenciée, mais aussi celui de Fichte chez qui le mouvement de la réflexion se trouve à l'extérieur du contenu, celui-ci n'évoluant pas lui-même selon une dynamique de négativité qui lui fût immanente.

L'identité de Schelling, comme de bien nombreux pôles unitaires envisagés par les essais systémiques des foisonnants postkantiens, « est une identité *pure*, c'est-à-dire issue de l'abstraction et tributaire de l'opposition comme de sa condition. Elle est le concept abstrait de l'unité pour l'entendement, l'un des termes fixes d'une opposition ». Or, ajoute Hegel, « si le besoin dont procède un système ne se donne pas une forme complète, si un terme qui dépend d'un autre et n'existe que par opposition et s'érige en Absolu, le système devient un dogmatisme ».

Le système de type dogmatique est « soit un réalisme, qui pose absolument l'objectivité, soit un idéalisme, qui pose absolument la subjectivité », respectivement les tentatives de Schelling et de Fichte dont Hegel regarde les doctrines comme idéalismes objectif et subjectif – alternative au-dessus de laquelle il entend se placer lui-même.

*

Blanchissez, cheveux blonds de mon jeune courage,
Blanchissez dès ce soir, n'attendez à demain.

Hölderlin
(*Adieu*)

*

Au moment de publier la *Phénoménologie de l'esprit*, c'est plus particulièrement le cas de Schelling qui interpelle Hegel car il lui semble relever d'un symptôme. La sévérité de Hegel envers la pensée de son ami est aussi grande que leur correspondance est pourtant chaleureuse – jusques à la rupture de 1807 quand paraît la *Phénoménologie de l'esprit*. Hegel refuse de faire l'économie de la patience du Concept, il refuse tout « enthousiasme qui commence immédiatement avec le Savoir absolu, comme en tirant un coup de pistolet, et qui en a déjà fini avec d'autres points de vue pour autant qu'il déclare n'en tenir aucun compte ». Il en va de Schelling comme de Spinoza à propos de qui l'on a bien tort de se faire croire que Hegel lui vouait une tendresse, sous prétexte que l'auteur de l'*Encyclopédie* a produit une formule sonnante à l'égard de celui de l'*Éthique* – Hegel a pour chaque philosophe une phrase glorieuse puisque chacun représente un moment du développement de la conscience historique que l'Esprit absolu prend de soi. Si Spinoza possède pour Hegel le mérite de vouloir penser la totalité comme totalité, sa doctrine présente, tout comme celle de Schelling (que la première philosophie le prolonge), l'inconvénient de ne pas laisser s'exprimer véritablement cette totalité. De même que pour Schelling, Hegel dit en 1801 à propos de Spinoza : « Au départ d'une philosophie, rien ne saurait avoir plus mauvaise allure que de commencer, comme Spinoza, par une définition : un tel début contraste de la façon la plus étrange avec le projet de fonder, d'approfondir, de déduire les principes du savoir, de ramener péniblement toute philosophie à des événements de conscience suprêmes ».

Nul alors n'ignore « le spinozisme » de Schelling, et surtout pas Hegel qui reçut le 4 février 1795 une fameuse lettre dans laquelle Schelling écrivait : « Je suis devenu spinoziste. Nous devons rompre les barrières de la détermination, c'est-à-dire que nous devons passer de la sphère finie à la sphère non finie. Celle-ci exige donc la destruction du fini et nous fait changer de monde. Notre plus haute aspiration est la destruction de notre personnalité ». Les chaudes lenteurs hégéliennes ne peuvent qu'avoir mépris pour ce genre de puérilités enfanatisées au spinozisme et pour les inutiles contradictions qui en émergent.

Il est hors de question de sacrifier ce qui permet à la pensée de penser même de travers, soit la pensée : la thèse de Schelling demande d'absurdes reniements. Le monde et toutes ses particularités, les déterminations multiples et notre conscience existent; l'on ne saurait exiger que l'on fît abstraction de l'intuitionnant dans l'intuition intellectuelle. Une telle négation immédiate garde implicitement en elle ce qu'elle exclut; la différence propre à la conscience est toujours nécessaire, ne serait-ce que pour affirmer l'identité indifférente comme l'Absolu. Ainsi la philosophie schellingienne de l'identité redevient un système de la réflexion dès qu'elle tente d'être une philosophie, c'est-à-dire de sortir de l'unité nocturne à laquelle elle demeure extérieure. « Cette manière de faire s'achève en une peinture soi-disant absolue mais finalement d'une seule couleur, qui, ayant honte des différences propre au dessin, les enfouit, parce qu'elles appartiennent à la conscience, dans la vacuité de l'absolu afin d'instaurer l'identité toute nue, le blanc sans forme. Ce caractère monochrome du croquis et de ses déterminations dépourvues de vie puis cette identité absolue, ainsi que le passage d'un terme à l'autre, tout cela n'est qu'entendement mort c'est-à-dire connaissance extérieure ».

Situer la réflexion au sein même du sujet immédiat du système, de telle sorte que cette réflexion ne soit pas extérieure au sujet mais constitue son essence même en tant qu'espace du jaillir (*jacere*), est pour Hegel la seule façon de penser le rapport à soi du Sujet.

*

Tandis que je rêve à de vaporeux lointains
Voici que tu descends toi-même, en un murmure, des cimes fleuries du verger,

Éther paternel! tu viens toi-même apaiser mon cœur en tumulte,
Et je consens à vivre, heureux comme naguère, avec les fleurs de la terre.

Hölderlin
(*À l'Éther*)

*

« Il faut concevoir le savoir spéculatif, dit Hegel, comme l'identité de la réflexion et de l'intuition ». Cette identité est l'identité de l'identité et de la non-identité, elle n'est rien d'autre que « l'antinomie nécessaire » qui ouvre l'Absolu à l'altérité du monde, c'est-à-dire qu'elle est l'être fondamental d'un Su-jet. Là se trouve pour Hegel l'absolu de la Rationalité vivante qui se laisse remplir par le réel car elle est l'ouverture même du réel. Aussi, « la Raison ne rappelle pas sans cesse en elle l'émanation de sa manifestation comme duplicité, car elle ne ferait que l'anéantir; elle se construit elle-même en cette émanation comme une identité dont la duplicité est la condition; de nouveau, elle s'oppose cette identité relative; le système progresse ainsi jusqu'à la totalité objective achevée, que la Raison unit à la totalité subjective opposée, pour atteindre à la vision du monde infinie, dont, du même coup, l'expansion se contracte en l'identité la plus riche et la plus simple ».

L'Absolu est donc sujet en tant qu'il fait surgir sa forme dans un contenu, son universalité dans une particularité, afin de s'y réfléchir; et ce mouvement qui constitue son être propre constitue également sa *négativité* interne. « Seule cette égalité qui se *restaure* ou la réflexion en soi même dans l'être-autre – et non pas une unité *originaire* en tant que telle, ou une unité *immédiate* en tant que telle – est le vrai. Celui-ci est le devenir de lui-même, le cercle qui présuppose son terme comme son but et l'a pour commencement, et qui n'est effectif que moyennant la réalisation détaillée et ce terme de lui-même ». C'est la négativité relative à la médiation de soi du sujet qui est la marque de l'activité absolue de ce sujet.

Dans l'Identité absolue du Sujet hégélien, il y a mise en œuvre d'une dynamique réflexive, mais il n'y a plus extériorité du sujet réfléchissant puisque la réflexion est l'essence même du sujet du système. La réflexion cesse de se réfléchir elle-même en un sujet individuel qui resterait extérieur au sujet du système et agirait envers lui du dehors comme le metteur en scène avec son acteur. Habituellement, le sujet représentatif apparaît quand l'individu attribue à un sujet un prédicat qui lui est extérieur. Alors, le sujet représentatif se manifeste très précisément comme l'écart même entre sujet et prédicat. Le Sujet hégélien est précisément conçu dans le but de parvenir à combler cette béance puisqu'il n'est pas fixé dès le départ comme point d'appui immobile et solide à partir duquel et par-delà lequel je peux rentrer en moi-même comme dans le prédicat; bien plutôt il passe tout entier dans le prédicat, s'y perd, y réapparaît et s'y retrouve enfin comme source du mouvement dont il est issu et comme identité à soi dans la différence d'avec soi.

« D'ordinaire, dit, Hegel, le sujet est d'abord placé au fondement comme le Soi fixe objectif; à partir de là, le mouvement nécessaire se déploie en direction de la multiplicité variée des déterminations ou des prédicats; c'est alors que, à la place de ce sujet-là, s'introduit le Moi lui-même qui sait, et il est l'acte de lier les prédicats ainsi que le sujet qui les tient. Mais en tant que le premier sujet dont il a été question s'engage dans les déterminations elles-mêmes et constitue leur âme, le second sujet, c'est-à-dire le sujet qui sait, trouve encore là dans le prédicat ce premier sujet avec lequel il veut en avoir déjà fini et par-delà lequel il veut faire retour en lui-même; et, au lieu de pouvoir être, dans la mobilisation du prédicat, le facteur agissant en tant qu'il raisonne pour savoir si tel ou tel prédicat serait à attribuer à ce sujet-là, il a bien plutôt encore affaire avec le Soi du contenu, il ne doit pas être pour soi, mais être conjoint avec celui-ci ». Dans la logique ordinaire, on ne pose le sujet que pour prendre aussitôt congé de lui. Le sujet me sert d'appui et de tremplin pour mieux retourner en moi-même dans la vérité posée par le prédicat. Mais dans le mouvement propre à la pro-position spéculative du Soi hégélien, ce tremplin fait défaut, c'est lui qui me quitte le premier, et je retrouve le sujet devant moi dans le prédicat alors que je croyais l'avoir laissé derrière moi.

*

Dans mon jeune temps, j'avais des matins joyeux;
Le soir, je pleurais. À présent, plus mûr,
Je commence ma journée dans le doute,
Mais mes soirs sont pieux et sereins.

Hölderlin
(Jadis et maintenant)

*

Le Savoir absolu auquel aboutit Hegel n'est pas une réalité donnée une fois pour toutes, c'est un procès dialectique, une progressive réalisation de soi-même dans l'incertitude qui à la fin récapitule et articule l'ensemble de ses doutes au sein d'une totalité dont la vie est reconnue comme présente depuis un commencement dont on ignorait l'impulsion imprévisiblement architecturale. À la « nuit » de Schelling s'oppose le soir de Hegel, à l'Absolu indifférencié broyant toute forme en son noir s'oppose l'auto-spécification de l'Universel amenant toute figure à la clarté.

L'Absolu hégélien devient autre que soi pour devenir soi-même. Il devient ce qu'il est parce qu'il est ce qu'il devient. Il est négativité, c'est-à-dire vie d'un contenu qui nie toute forme fixe afin de faire apparaître d'autres formes. Il est l'identité qui n'est égale à elle-même que lorsqu'elle se pose elle-même à l'extérieur de soi pour se voir surgir soi-même depuis l'altérité. « L'acte de la Pensée absolue est vie », l'identité spéculative et concrète du Sujet du Système est cet acte même. Ainsi, dans l'Absolu, « l'identité du sujet et du prédicat ne doit pas anéantir leur différence, que la forme de la proposition exprime, mais leur unité doit venir au jour comme une harmonie ». Par la conquête de cette conception de l'Absolu comme Sujet et en un sens où le Sujet intègre la forme et l'essence de ce qui donne impulsion à la vie organique, Hegel unifie de manière immanente les énigmes rencontrées par la philosophie traditionnelle à laquelle il appartient et dont il organise le capital en exaltant mais organisant et regroupant, au sein d'une totalité dialectique emplie de souplesse, les nombreux aspects problématiques que la philosophie immanentiste provoque dans les relations qu'entretiennent l'un et le multiple, le moi et le monde, l'Absolu et la finitude.

Retrouvant le commencement païen de la philosophie, Hegel accomplit, en l'emplissant d'une amplitude conceptuelle inégalée, l'unité de nature et d'esprit par laquelle l'ancêtre véritable de sa doctrine, Héraclite, indiquait à l'histoire de la philosophie l'immanence pour finalité et en récapitulait le sens en valorisant la satisfaite clôture d'un regard panoptique : la pensée du Sujet comme Concept répond la vibration de cet unique cordeau : « Nœuds – touts et non touts, rassemblé séparé, consonant dissonant, de toutes choses l'un et de l'un toutes choses ».

*

L'homme ne dépasse les besoins immédiats que dans la mesure où il se souvient *de son destin, où il peut et veut être* reconnaissant *pour la vie qui lui est donnée, où il* ressent *de manière plus générale le lien intégral qui l'unit à l'élément dans lequel il se meut.*

Hölderlin
(*Hypérion*)

II. *Réponse – Phénoménologie*

Au cours de l'introduction de la *Phénoménologie de l'esprit*, et donc juste après ces grandes pages que l'auteur considère comme *Préface* du *Système de la Science*, Hegel expose la façon dont il décide d'approcher l'objet et cette investigation de ce qui fait face à la conscience, du *Gegenstand*, se considère elle-même comme l'opposé de ce monde de réticences frigides dont se tisse la stérile méthode de Kant.

Dès les premières lignes apparaît une critique de cette typique approche kantienne qui finit par confondre la fin de la philosophie avec sa propédeutique. Pour Hegel la philosophie n'a rien à voir avec savoir qui, avant toute connaissance effective, doit, comme le criticisme, s'interroger sur les moyens de la connaissance et ausculter l'instrument de cette connaissance, car cette interrogation et ce souci mêmes sont déjà une connaissance et, derrière la fausse modestie de leurs scrupules méthodologiques, dissimulent mal l'orgueil propre à la volonté de surplomber les droits de tous depuis le fond arbitraire d'un suprême arbitrage. Ce bon sens kantien qui paraît si prudent est au contraire si vaniteux que la condition humaine. Ce que Kant présente comme une prudence originale n'est autre qu'une régression au niveau du sens commun : « c'est une représentation naturelle, écrit Hegel, que celle selon laquelle, avant d'accéder en philosophie à la Chose elle-même, c'est-à-dire à la connaissance effective de ce qui est en vérité, il serait nécessaire de s'entendre préalablement sur la connaissance, que l'on considère comme l'instrument par lequel on s'emparerait de l'Absolu ou comme l'intermédiaire à travers lequel on l'apercevrait ».

Desséchantes minuties… Et l'on remarque aisément qu'une connaissance qui examine la connaissance pour savoir si cette dernière, soit elle-même, est vraie, devra être examinée à son tour pour savoir si son précédent examen est lui-même véridique en général – cette enquête se poursuivant à l'infini… En se proposant d'être un « examen critique de l'entendement humain », la pensée kantienne se condamne elle-même à ne jamais dépasser son point de départ. Sa conclusion n'est que la conséquence tautologique de sa position originelle. L'idéalisme critique « présuppose en effet des représentations de la connaissance comme d'un instrument et d'un milieu, également une différence entre nous-mêmes et cette connaissance; mais surtout cette idée que l'Absolu se tiendrait d'un côté et que, de l'autre côté, la connaissance, prise pour elle-même et en étant séparée de l'Absolu, serait pourtant quelque chose de réel, ou, du même coup, que la connaissance – qui, en tant qu'elle est en dehors de l'Absolu, est bien aussi en dehors de la vérité – serait pourtant vraie, supposition par laquelle ce qui se présente comme une crainte de l'erreur se manifeste bien plus évidemment comme une crainte de la vérité». L'on découvre ainsi dans l'attitude de Kant une succession d'«échappatoires que l'incapacité à connaître le vrai Savoir puise dans de tels présupposés pour, tout à la fois, se libérer de la peine requise par la Savoir vrai et se donner l'air d'être engagé dans un effort sérieux et zélé».

Au lieu d'en rester à une vaine circonspection, à une inspection omni-préalable du savoir à l'issue de laquelle les prolégomènes et le résultat deviennent superposables, au lieu de demeurer ainsi perpétuellement «sur le parvis du temple», il faut s'enfoncer dans l'objet à connaître: «la connaissance scientifique exige de se livrer à la vie de l'objet ou, ce qui est la même chose d'avoir devant soi et d'exprimer la nécessité intérieure de cet objet, elle s'impose l'oubli de ce regard d'en haut dont il vient d'être question, qui n'est que la crispation du savoir en lui-même hors du contenu». Il s'agit donc d'évacuer les présuppositions de l'idéalisme critique, ainsi que toutes les déformations gnoséologiques qui en découlent; la séparation rigide de la connaissance et de la vérité doit laisser la place à l'identité absolue du sujet et de l'objet au sein du savoir en devenir.

Il ne faut cependant point s'échouer aux écueils spinozistes de Schelling. À côté du radical refus des maniaqueries kantiennes Hegel rappelle l'importance que soit tout aussi radical le rejet de l'absence de méthode attaché à la doctrine de Schelling. Aussi pour Hegel s'enfoncer dans la Chose est-ce paradoxalement en revenir au point de départ constitué par la conscience naturelle: le sujet face à l'objet, la conscience face à son vis-à-vis le plus immédiat, le moi face à son *Gegenstand*. On ne saurait commencer ni par les anaphrodisiaques chipotements kantiens, qui équivalent à ne jamais commencer, ni par le Savoir absolu que Schelling pose comme immédiat soit comme une réalité dont l'absoluité est finalement indigne de la nécessité de tout pèlerinage; il s'agit de commencer par ce qui se présente, la conscience dans son état naturel, comme relation du moi au monde. Si «la conscience naturelle se confie immédiatement à la Science, cela revient pour elle à marcher sur la tête, essai qu'elle engage en outre sans savoir ce qui l'y pousse». La conscience naturelle doit être au contraire progressivement et dialectiquement éveillée au Savoir absolu – ou «Science» – qu'elle porte en elle, et c'est la nécessité de sa douloureuse et patiente histoire intérieure, puis extérieure, qui doit le lui montrer.

*

Vivons, toi qui partages mes souffrances et mes luttes,
Ma ferveur, ma foi, et la constance de mon effort vers un âge plus beau.
Ne sommes-nous pas là vivants tous deux? Et si plus tard, dans les années futures
Où le génie sera de nouveau honoré, l'on se souvient de nous,
L'on dira : « Ces solitaires, inspirés par l'amour,
Se créèrent un monde secret, connu des dieux seuls.
Car ceux qui n'ont cure que de choses mortelles sombrent en foule dans l'Orcus,
Mais eux parvinrent jusqu'aux dieux.
Fidèles à leur profond amour et à l'esprit des divins
À force d'espoir, de patience et de silence ils ont triomphé du destin. »

Hölderlin
(*Des dieux jadis ont passé…*)

*

Toute la pensée hégélienne repose sur un raisonnement qui lui tient lieu de fondement logique, ontologique et méthodologique suprême : le Savoir absolu (le Sujet, l'Infini, l'Universel, l'Idée, le Concept, etc.) ne saurait avoir en dehors de lui la conscience naturelle, sinon il aurait quelque chose d'extérieur par quoi il serait limité, et ne serait donc plus absolu. Trouver la source secrète de ce raisonnement (ce que personne ne fit avant mon œuvre *Être et Identité*), puis comprendre le sens du contournement ontologique qu'opère ce raisonnement (ce dont personne n'aperçut les conséquences avant l'établissement de mon grand traité De la philosophie), c'est voir le sens revêtu par l'effondrement à quoi se condamne Hegel : toutes choses que personne n'a jamais vues, mais les gens font ce qu'ils peuvent, ils sont si occupés. Je ne reviens pas ici sur ces questions, car l'écoute de la grande fugue hégélienne ne l'exige pas de mon sis propos. Tout le monde connaîtra un jour le chant de mes réponses car elles sont.

Écoutons les intestines résonances du geste immanent sur quoi repose l'hégélianisme : si quelque chose se tient en dehors de l'Absolu, alors ce dernier n'est pas l'Absolu puisque son infinité s'affiche limitée par l'extériorité; si la conscience naturelle est en dehors du Savoir que l'Absolu déploie de soi, alors l'Absolu ne peut être l'Absolu puisqu'une extériorité subsiste hors de lui qui vient contredire son infinité et sa totalité qui seule est ici vérité. C'est pourquoi il est obligatoire à l'hégélianisme, après avoir posé l'Absolu comme totalité vivante et spéculaire, de montrer les liens entre la conscience et ce Savoir ou cette Science propre au Sujet absolu. Le savoir immédiat est déjà Savoir absolu, mais il ne le sait pas encore; il s'agit donc de décrire comment ce savoir immédiat, quand on se plonge en lui, conduit de lui-même, par le rythme de ses propres contradictions, au Savoir absolu. Si la vérité est la vérité, elle possède alors par définition assez de force pour se manifester à l'individu qui se met en condition de l'accueillir. Ce serait faire injure à la vérité et la nier dans son être propre que de croire qu'elle dépend de notre arbitre et qu'elle ne peut pas s'établir elle-même dans son essence. Dans la confiance accordée à une vérité qui par essence la mérite, il y a donc refus hégélien de Kant; et refus de Schelling dans la volonté de laisser à la vérité le soin de sa propre révélation grâce à la mise en valeur de la genèse et l'auto-spécification de l'Universel.

L'homme pensant doit être conduit lui-même au Savoir absolu en se livrant à la nécessité du contenu. Ainsi, sa tâche n'est pas un travail de construction, mais bel et bien de *description* de la conscience. Le philosophe disparaît devant l'expérience qu'il appréhende: de la vanité qui appréhende le contenu avec hauteur «il est exigé qu'elle s'astreigne à abandonner cette liberté et, au lieu d'être le principe arbitrairement moteur du contenu, à plonger en lui cette liberté, à le laisser se mouvoir de par sa nature propre, c'est-à-dire de par le Soi en tant qu'il est le sien, et à contempler ce mouvement. S'interdire de faire soi-même des incursions propres dans le rythme immanent des concepts, ne pas intervenir en lui par la mobilisation de l'arbitraire ni d'une sagesse acquise ailleurs, une telle retenue est elle-même un moment essentiel de l'attention au concept».

*

Ainsi suis-je revenu vers mon heureuse patrie,
Et les tendres brises reviennent comme naguère m'effleurer.
Et mes doux arbres familiers apaisent mon cœur tourmenté,
Eux qui jadis dans leurs bras m'ont bercé;
Et la verdure sacrée, témoin de la beauté et de la vie éternelle du monde,
Me rafraîchit, elle me fait avancer vers la verdeur de la jouvence.

Hölderlin
(*Le Voyageur*)

*

La conscience naturelle fait elle-même son expérience, et elle doit même être la plus simple possible afin que l'on puisse être assuré qu'elle ne présuppose rien d'autre que son être – un être qui, même s'il est défectueux au départ, ne peut manquer de faire apparaître sa vérité, dès lors que la démarche philosophante a décidé de le laisser à la spontanéité de sa propre vie. « Nous n'avons pas besoin d'apporter avec nous nos mesures, d'utiliser nos idées personnelles et nos pensées au cours de la recherche ; c'est, au contraire, en les écartant que nous aboutirons à considérer la Chose comme elle est en soi et pour soi-même ». En laissant la conscience naïve faire son expérience, le philosophe ne lui impose aucune réflexion de l'extérieur (comme c'eût chez Kant été le cas), il ne lui impose aucune exigence à remplir (comme l'eussent demandé les systèmes de Fichte ou de Schelling afin que la conscience « colle » (*stimmt*) d'avance à un Absolu dont la présupposition est motrice). Le contenu est véritablement laissé libre pour lui-même. Ne reste que le regard du philosophe qui observe et recueille ou collecte l'expérience de la conscience.

Ce regard n'est rien de contraignant pour le contenu, puisqu'il est le gardien de la liberté du contenu qu'il laisse être, il est l'absence de présupposition, le minimum de pensée que le philosophe puisse apporter, la pensée qui observe et se remémore l'ensemble des figures dont l'enchaînement n'est pas motivé par la présupposition d'un but mais par la contradiction inhérente à chacune d'elles, par l'instabilité dont chacune témoigne lorsqu'affirmant sa position, elle force ce qu'elle nie à surgir en face d'elle au sein d'une dualité dont le conflit sera transposé en une harmonieuse articulation et comme totalité vivante. Le regard du philosophe est le corrélat immédiat de l'abandon de la pensée au contenu. Ce regard ne se permet qu'une mémoire, une mémoire intériorisante que Hegel nommera, en un mot tendu de richesse étymologique, l'*Erinnerung*.

*

Oh! quel connaisseur des hommes!
Il fait l'enfant avec les enfants…
Mais comme l'arbre l'enfant cherche
Ce qui est plus grand que lui.

Hölderlin
(*Fausse popularité*)

*

La conscience engagée dans l'expérience se croit détentrice d'un savoir vrai puis après réflexion contre sa propre limite et sa propre contradiction reconnaît son erreur. Cette conscience est surtout marquée par le caractère négatif de son résultat : elle perd la « vérité » toujours partielle qu'elle avait néanmoins posée comme une valeur absolue. Si le cheminement de la conscience « n'est pas un simple mouvement négatif », c'est « une telle vision unilatérale que la conscience naturelle a en général de lui ». Le résultat n'est pourtant pas seulement négatif, car dénoncer un non-savoir comme non-vrai, soit nier une négation, c'est faire apparaître une positivité c'est-à-dire la position d'un nouveau et plus ample savoir; c'est non seulement se délivrer d'une figure incomplète de la connaissance, mais également faire apparaître un nouveau degré de conscience.

Cependant, la conscience engagée dans l'expérience ne voit ni l'avant ni l'après, qui lui apprendraient d'où elle vient et où elle va, qui lui montreraient quelle est son histoire. Cette myopie lui est précisément infligée par l'absence de retenue de son engagement au sein du contenu. Elle pense, certes, mais elle ne pense que sa proposition présente. L'acquisition d'une vision synoptique est nécessaire afin que la conscience, se coupant lors de toute progression possible, ne reproduise point les figures de savoir dont elle laisse derrière elle l'inadéquation – afin qu'elle fasse réellement une *expérience*. Cet élargissement du regard ne provient pas de l'extérieur ni d'un soudain surplomb, il n'apporte rien qui appartienne au champ externe d'une présupposition : il est la croissante mémoire qui se souvient de l'expérience de la conscience une fois que cette expérience a effectivement eu lieu, et qui constitue cette expérience en tant qu'expérience : « ce que nous avons ajouté nous-mêmes ici, affirme Hegel au terme de la *Phénoménologie de l'esprit*, est seulement le rassemblement des moments singuliers ».

Ce regard vient toujours après, il est la récollection de l'expérience passée, qui aperçoit la genèse d'une nouvelle vérité dans la négation d'une erreur. En un contrepoint semblable à celui de *La Recherche* proustienne où le discours du Narrateur fait invisiblement porter au texte la totalité du Temps où se rassemble par la vertu d'une insaisissable mémoire vectorielle la somme des expériences qu'il a faites en tel point de ce Temps, dans le texte de la *Phénoménologie*, le « pour nous » du philosophe s'enlace au « pour elle » de la conscience pérégrinante. Ainsi, avec grande lucidité, cette conscience philosophique évite l'amnésie à laquelle est condamnée par définition une conscience engagée dans l'expérience et, par là même, rivée au piquet d'un instant qu'elle constitue et réfléchit. Pour elle, son savoir a disparu et aboutit au néant; pour « nous », et ce « nous » désigne le philosophe Hegel qui a déjà parcouru l'ensemble de l'itinéraire et invite le lecteur à impliquer le regard de la mémoire au cœur de l'aveuglement de l'engagement, « ce néant est, de façon déterminée, le néant de ce dont il résulte ». Aussi rien de ce qui disparaît ne disparaît-il sans s'attacher ce dont il provient, créant ainsi pas à pas le cadre où la succession des négations apparaît comme le cercle où la totalité s'éploie vivante.

Ce rôle créateur de la négation qui, en tant que négation déterminée, provient d'un ancien contenu et en engendre un nouveau, seule la conscience onto-mémorielle du philosophe le connaît. Toute figure déterminée de la conscience est en elle-même incomplète, car elle n'est pas le tout : toute détermination est négation ; mais il n'est pas moins vrai qu'en ce sens toute négation est également position déterminée. Par essence, le Tout est toujours et partout implicitement présent ; tout terme posé est en soi-même une négation de cette totalité mais aussi ce qui constitue un aspect de cette totalité. La négation de cette négation, c'est-à-dire la mise en rapport de la détermination avec l'altérité, permet de retrouver le foisonnement et la luxuriance de la totalité.

*

Nul repos pour la conscience.
Ils s'évanouissent, ils tombent,
Les hommes souffrants,
Aveuglément lancés, d'une heure
À l'heure qui suit,
Le long des années, ils choient dans l'inscience.

Hölderlin
(*Chant du Destin*)

*

Pour la conscience naturelle, le cheminement parcouru est proprement celui du *doute* et du *désespoir* (*Zweifel* et *Verzweiflung*) ; mais pour nous, avisés spectateurs de son expérience, ce chemin est l'enchaînement de ses métamorphoses et la richesse de son contenu. La mise en œuvre de cette mémoire intériorisante (*Erinnerung*) est un comportement qui fait la subtilité de l'hégélianisme car il ne présuppose rien d'extérieur à la conscience engagée dans l'expérience : l'*Erinnerung* se met entièrement à son écoute et recueille l'intégralité vivante de son devenir pour en faire le corps de sa propre identité. Ainsi, écrit Hegel, « il ne nous reste que le pur acte de voir ce qui se passe ». Quand pour la conscience pérégrinante l'expérience paraît donc une découverte de mondes entièrement nouveaux, pour cette conscience pérégrinante oublieuse de leur genèse et de leur devenir, en revanche pour nous qui voulons, tels ses anges gardiens, nous porter garants de son souvenir, cette expérience se manifeste comme la genèse même de ce qui pour elle est seulement l'aventureux surgissement d'un nouvel objet. Alors, « cette nécessité même, c'est-à-dire la *naissance* de ce nouvel objet qui se présente à la conscience sans qu'elle sache comment il lui vient, est ce qui, pour nous, se passe pour ainsi dire derrière son dos. Dans ce mouvement, il se produit pour nous ainsi un moment qui n'est pas présent pour la conscience elle-même enfoncée dans l'expérience; *pour elle*, ce qui est né est seulement comme objet, *pour nous* il est en même temps comme mouvement et comme devenir ».

Le terme du développement est atteint lorsque la conscience se reconnaît dans son objet, soit quand l'objet est tout autant conscience que la conscience est objet. Ou encore lorsque la conscience découvre face à soi ce qu'elle considère comme son essence intime, et comprend que son comportement n'est pas quelque chose qu'elle possède entièrement ou dont elle peut disposer à sa guise, mais le savoir de soi du Sujet absolu qui en elle prend conscience de lui-même. Le chemin parvient à son achèvement lorsque la conscience saisit le sens intime que parvient à lui connaître Hegel, lorsqu'elle saisit dans l'extériorité son sens de structure et son intériorité, lorsque ce sens lui apparaît dans et comme la structure et l'intimité de son objet.

*

Ardeur solaire et douceur vernale,
Guerre et paix se disputent au fond de mon cœur
Devant cette image idéale.

Hölderlin
(*Diotima*)

*

La conscience manifeste ici en son propre sein une constante déchirure puisqu'elle est la communauté de deux actes contradictoires : la réunion et la séparation. Dans le verbe « être » qui unit la prise de conscience où le sujet annonce « c'est moi » se déploient simultanément différence et identité. C'est en cela que réside toute la mesure de la tension inhérente à la conscience : « la conscience, constate Hegel, *distingue* précisément de soi quelque chose à quoi en même temps elle se *rapporte* ». L'essence de la conscience est négativité c'est-à-dire maintien, dans le même, d'une contraction et d'une expansion. La conscience peut rentrer en elle-même en prenant appui sur son objet, en le niant, mais ce retour à soi ne saurait avoir lieu sans cet objet (*Gegenstand*) *contre* et donc *avec* lequel elle est (c'est le sens de « *gegen* » dans « *Gegenstand* »). La conscience est ainsi déjà en soi « concept » au sens singulier que Hegel donne à ce terme, concept soit *cum-captum*, saisie et coexistence de deux éléments contradictoires; rappelons que la préposition latine *cum* signifie autant *avec* que *contre*, comme le montre l'expression *bellum gerere cum* (faire la guerre contre...). La conscience est en sa vérité lorsqu'elle prend sur elle cette tension qui la tisse, lorsqu'elle devient pour soi ce qu'elle est en soi.

La conscience, quelle que soit la figure en laquelle elle s'exprime à tel ou tel moment du cheminement phénoménologique, est donc une inquiétude constamment; elle relève de cette inquiétude que lui confère chez Hegel son essence de déchirure dynamique. Elle est en elle-même rapport à l'autre (objet, monde ou nature). La conscience est tendue par ce dont les pensées médiévales avaient déjà identifié l'intentionnalité et que la phénoménologie d'école allait vénérer un siècle plus tard: pour la doctrine hégélienne, qui commence par une phénoménologie, la conscience est toujours conscience de quelque chose d'autre qu'elle même à quoi elle se rapporte. Dans l'autre elle se voit aussi et finalement comme chez elle, puisque son être fondamental est la relation à l'autre et la progressive constitution comme sien de cet autre dans son altérité même.

La conscience phénoménologique hégélienne est ouverture, expansion, jaillissement, extériorisation, et cette extériorisation constitue paradoxalement son être le plus intérieur.

*

Le ciel envoie tour à tour pluie et soleil sur la terre;
Sur sa lyre, c'est un tumulte fourmillant
De tons fugitifs qui s'agitent
En une lutte amoureuse.
Et, en une mélodieuse alternance, l'ombre et la lumière
S'échappent...

Hölderlin
(*À Diotima*)

*

La conscience est savoir de son objet, rapport à lui à la fois comme autre et comme sien. Sa négativité interne lui permet également de se prendre elle-même comme objet, elle est conscience de soi: « La conscience est pour elle-même son concept, et elle est par là même immédiatement l'acte d'aller au-delà de ce qui est borné soit déterminé ; or, puisque ce qui est ainsi borné lui appartient, elle est l'acte d'aller au-delà d'elle-même ». La conscience est incessant dépassement de soi, perpétuel mouvement de se transcender, continuel transcendement.

Ces modalités et manières d'être de la conscience ne sont pas sues dès le début en leur sens et vérité. Mais dès le début sa structure complexe et vivante permet d'adopter un nouveau type de rapport entre le sujet et l'objet, une nouvelle définition de cette relation qui puisse refuser d'emblée, par la connaissance même du rapport *comme* rapport, toute présupposition dualiste attachée à ces philosophies de la représentation qui n'interrogent qu'un côté d'un binôme conceptuel à l'exclusion de l'autre et sans voir entre eux l'unitive dialectique d'une destinée commune. Si l'on définit le vrai comme l'adéquation de la chose et de l'intellect, ou comme l'accord du sujet et de l'objet, la question apparaît alors de savoir comment cet accord peut être constaté, puisqu'il faudrait que fût possible de sortir de la conscience pour pouvoir juger de cette conformité ou non-conformité entre elle-même et le monde.

Le vrai se situe donc nécessairement dans la conscience – car d'elle l'on ne sût sortir, et toute pensée d'extériorité est elle-même une pensée. Cependant, si le vrai ne subsiste que dans la conscience, l'on semble perdre la référence à l'objet et avec elle la possibilité même de la vérité qui par définition dépasse l'individualité subjective. Ce pourquoi il est important ici de constater la structure négative-intentionnelle de la conscience, qui *en elle-même* est relation à l'entièrement autre, afin de sortir de cette aporie léguée par les préjugés de ces pensées de la représentation qui sont issues du travail scolastique de l'entendement.

L'objet est ainsi pour la conscience une complète étrangeté, une étrangèreté, une radicale altérité, mais celle-ci est *son* étrangèreté. Dans la conscience, la connaissance s'articule en sujet et objet : du côté du sujet, la connaissance est certitude (subjective), elle est vérité (objective) du côté de l'objet. Le savoir n'est absolu que lorsque la certitude et la vérité *deviennent* identiques. Le savoir est absolu, c'est-à-dire délié ou délivré, et c'est le signe que la conscience devient ce qu'elle est, s'ouvre à sa structure dialectique, libère sa propre intimité, et reconnaît dans l'altérité de son objet une libre position de sa propre extériorisation. La certitude devient vérité et la vérité certitude lorsque la conscience constitue son intériorité pure comme extériorisation, comme ouverture, comme abandon et don. Elle « n'acquiert sa vérité que lorsqu'elle se retrouve elle-même dans le déchirement absolu ».

Au départ, la conscience connaît cette structure, mais elle ne la reconnaît pas comme le vrai. Son hégélienne odyssée est précisément censée lui montrer comment cette structure est celle de l'être lui-même.

*

Préparés de plus loin dans les profondeurs du temps,
Toujours plus emplis de sens et augmentant en nous leur résonance,
Les orages circulent entre terre et ciel parmi les peuples.
Et les pensées du proche Esprit se disent
À la fin dans la paix.

Hölderlin
(*Wie wenn am Feiertage*...)

*

Toute la *Phénoménologie de l'esprit* est mue par la contradiction entre ce qu'est essentiellement la conscience et la manière dont elle se comprend tandis qu'elle considère son objet. Il suffit donc de lui demander comment elle conçoit son objet pour savoir si cet objet lui est véritablement connu, c'est-à-dire si elle se retrouve vraiment elle-même en lui, ou si elle ne retrouve en lui qu'une partie d'elle-même. La méthode est donc simple : sans rien présupposer, prendre acte de la structure polysémique de la conscience comme conscience de soi, car y rester aveugle serait à l'inverse évacuer ce fait de l'intime spécularité et reviendrait ainsi à présupposer une constitution monolithique de la conscience en contradiction avec la vie manifeste de l'âme.

Il s'agit de mettre en œuvre les conclusions dont permettent d'user ces prémisses : si en son être la conscience est rapport à l'autre, dans cet autre elle est tout autant rapport à soi ; il suffit donc de lui demander comment elle conçoit le monde, quelle est sa *Weltanschauung*, quelle est pour elle la vérité, pour être de ce fait renseigné sur elle – ou, corrélativement, de lui demander comment elle se conçoit elle-même pour connaître la manière dont elle conçoit le monde). La *Phénoménologie de l'esprit* progresse ainsi à partir de la réalisation de l'inséparabilité du sujet et de l'objet dans la conscience – soit à partir du renforcement de la connaissance qui sait l'inséparabilité de la conscience de soi et du regard porté sur le monde.

Au commencement, la conscience se sait comme un certain rapport à l'objet, une certaine connaissance de lui, mais ce rapport est encore flottant, large, trop lâche, et soit l'objet apparaît à la conscience comme plus profond qu'elle soit au contraire la conscience comme plus profonde que l'objet. Tout le cheminement phénoménologique consiste à préciser ce rapport et à créer les conditions d'une révélation au sein de laquelle la conscience puisse connaître son objet comme elle-même et elle-même comme son objet. Il faut d'abord demander à la conscience ce, qui pour elle, est la vérité, autrement dit ce qu'elle juge comme éternel, ce qui perdure et demeure à ses yeux. Elle livre ainsi ce qu'est l'en soi *pour elle*, et se livre donc elle-même; elle donne la mesure de son savoir : « Dans ce que la conscience désigne à l'intérieur de soi comme l'en soi ou comme le vrai, écrit Hegel, nous avons la mesure qu'elle établit elle-même pour mesurer son savoir ».

On peut aussi bien désigner le savoir comme le concept et le vrai comme l'objet, ou, à l'inverse, le vrai comme le concept, et le savoir comme l'objet (tel qu'il est pour un autre) : demeure toujours dans la conscience une différence entre les deux. Les deux termes tombent bien en elle et sont différents. La conscience ne peut se séparer de ce qui pour elle est l'objet. Son devenir réside dans la contradiction qui en elle subsiste entre l'*en soi* et le *pour elle*. Elle veut considérer tel objet comme vérité, et, par définition, elle veut que le vrai qu'elle désigne demeure fixe et inchangé, mais la situation est proprement impossible puisque cet objet désigné se réfléchit précisément lui-même, par la désignation dont il est l'objet, au sein de cette conscience qui l'affirme comme vérité : l'objet n'est pas seulement au lieu où il est désigné se trouver, il se trouve également au domaine d'intériorisation que lui réserve la conscience. L'objet n'est pas seulement l'extériorité désignée, il est la forme intériorisée, et s'il est donc à la fois dehors et dedans c'est qu'il est le mouvement par lequel son extériorité est animée d'une dynamique d'intériorisation qui la dépasse, et le mouvement par lequel son intériorité est animée d'une invisible dynamique d'extériorisation qui provoque la précédente capacité d'intériorisation.

La connaissance que la conscience prend du vrai mûrit lorsqu'elle découvre la capitale inadéquation qui se tient au cœur de cet objet : elle cherche en lui la vérité, c'est-à-dire ce qui ne varie plus, mais son objet se révèle à chaque fois comme médiatisé par le regard que la conscience pose sur lui et qui le rappelle à une forme intemporelle qu'il ne saurait négliger, ou comme se médiatisant de lui-même vers le regard d'essence que la conscience contient; autrement dit l'objet se manifeste comme fondamentalement instable, ce qui pousse la conscience dont la quête est d'éternité à chasser du champ de vérité l'objet témoignant d'une telle variabilité; jusqu'à ce que la conscience comprenne que cette constante médiation de son objet est justement ce qui, en lui comme en elle, est l'élément éternel.

*

Les parfums épars, l'âme pure et grande
Qui débordait, nourrie par les heures argentées du printemps,
Le dieu de notre amour les diffusait dans l'étincelant flux de la marée du jour,
Dans la mouvante pourpre du couchant et dans les vagues de la nuit.
Nous nous sentions libres dans l'intime inachèvement de cette forme de vie !
Insoucieux et muet, enfermés dans un rêve béat.

Hölderlin
(*À Diotima*)

*

Le cheminement s'achève lorsqu'est intériorisée par la conscience la différence entre l'en-soi et l'en-soi pour elle, c'est-à-dire lorsque l'acte de poser la vérité ou l'objet, inhérent à la conscience est compris comme ce qui perdure par-delà toute individualité particulière, comme la vérité même.

Ne subsiste de différence entre le savoir de l'objet vrai et le savoir que la conscience prend de lui qu'autant qu'elle demeure fermée à son savoir de soi comme rapport à l'objet. Ce savoir de soi n'est atteint qu'au moment où elle l'a effectivement devant elle comme le *comportement* même de son objet, autrement dit lorsque l'objet qu'elle a en face d'elle devient lui-même une conscience, une négativité, une projection de soi en son autre. Ce phénomène nucléaire et terminal, décrivant une figure absolue de la connaissance dont les autres étapes phénoménologiques reformuleront les dimensions sans cesse et à d'autres niveaux de lecture, advient au sein du chapitre *Force et Entendement*, où l'objet se réfléchit lui-même dans son essence, et où la conscience de l'objet devient conscience de soi au sein de ce même objet. Alors, la disparition de la déchirure entre sujet et objet se produit par l'assomption (non pas l'élimination) de cette contradiction inhérente au com-portement (*Verhältnis*) simultanément unitaire et répulsif de la conscience vis-à-vis de l'objet : la disparition de la tension entre les termes, au profit de l'harmonie d'une articulation dialectique, se produit « si l'on se souvient des déterminations abstraites du savoir et de la vérité telles qu'elles se trouvent dans la conscience ». Ce *souvenir* nous fait comprendre que la mobilité, « l'inquiétude », l'extériorité, la vicissitude de l'objet sont la preuve que l'objet bénéficie intérieurement de la propre structure extériorisatrice ou projective de la conscience. Une fois l'objet se manifestant structurellement comme ayant la spéculaire négativité d'une conscience et ainsi que le montre en lui la présence des mêmes manières d'être dialectiques, ces manières d'être que Hegel demande de retenir, une fois l'objet devenu savoir de soi par sa propre réflexion en essence, cet objet se trouve avoir investi spontanément notre conscience qui reconnaît, d'une part, que l'intériorisation de l'objet en concept est l'autre face, corrélative et rationnellement nécessaire, de l'extériorisation du concept dans l'objet, d'autre part, que le chemin d'intériorisation de l'objet vers le concept a pour impulsion la présence dynamisante du concept en son sein, et pour condition de possibilité la préalable extériorisation du concept dans l'objet. L'objet contient l'énergie de remonter jusqu'à sa conscience de soi car il contient en soi la force de se faire apparaître pour soi dans l'élément du concept, et cette force lui est conférée par le processus d'extériorisation du concept au cœur du monde : l'objet se réfléchit en sa forme pure parce que cette forme pure est contenue en germe à la source du mouvement qui le conduit jusqu'à la conscience qu'il prend d'elle et de lui à travers elle. Ne se manifeste que ce qui est déjà présent; or, pour que l'objet manifeste en une conscience l'essence où il trouve son principe, il est nécessaire que cette essence soit séminalement présente à l'origine du déploiement de l'objet selon sa loi et à l'origine du développement de cet objet jusqu'à la manifestation pour soi de sa forme pure au sein de la conscience en soi.

*

C'est un moment où, à chaque battement du temps,
Je suis donc rappelé, comme par enchantement,
À cet âge d'or où, repris, tout est commencé;
C'est depuis que j'ai trouvé cette vaste unité.

Hölderlin
(*Hypérion*)

*

L'objet n'est pas une réalité minérale spirituellement inerte, il est empreint d'un savoir de soi; savoir ce savoir de soi qu'est l'objet, savoir la communion dialectique du sujet et de l'objet dans l'unité de la différence, c'est le Savoir absolu. La conscience se voit alors elle-même dans l'objet, elle voit dans cet objet qui s'intériorise en concept l'identité de la différence nécessaire du concept et de l'objet; elle voit entre eux cette liaison différenciante, cette liaison que, précisément, comme conscience, elle est. Se joue un même rapport d'action réciproque entre la conscience et l'objet et entre l'objet et la conscience. Cette action réciproque, c'est la conscience qui a intériorisé l'altérité comme une altérité qui lui est sienne et dont l'architecture ontologique relève d'une même vie ; c'est la conscience en sa liberté.

La conscience se contemple elle-même dans son objet et elle est en sa vérité lorsqu'elle projette et contemple sa propre projection de soi dans l'objet, c'est-à-dire lorsque l'objet est compris lui-même comme une inquiétude infinie liée à la présence en lui, sur le mode contradictoire, de son essence qu'il aspire sans cesse à réaliser et qui est cause de son devenir. Concept et objet sont alors la même chose bien que l'on n'en revienne nullement pour autant à la définition traditionnelle de la vérité comme *adaequatio*, car, dans un contexte où le sujet est extériorisation et rapport à soi dans l'autre, et la pensée négativité, l'identité du sujet et de l'objet, de la pensée et de l'être, signifie tout autant inadéquation. La pensée et l'être sont la même *négativité*, le même rapport et la même aspiration à se remplir de la relation réconciliée à l'altérité ; ils sont la même chose uniquement en tant que leur identité n'est pas une chose mais un flux, un jaillissement de l'un par l'autre et une réflexion de l'un dans l'autre.

La conscience retrouve dans le vis-à-vis que lui présente son objet son propre acte de se projeter soi-même hors de soi. Or, « le but est là où le savoir n'a pas besoin d'aller au-delà de soi-même, où il se trouve soi-même et où le concept correspond à l'objet », le but advient lorsque le savoir est savoir d'un objet qui se révèle médiatement comme un savoir, lorsque la conscience est saisie dans sa dimension ontologique comme une scission rassemblante. Le savoir ne va plus au-delà de soi seulement lorsqu'il s'est découvert et se connaît comme *acte-d'aller-au-delà-de-soi*. Le devenir est la seule réalité qui ne passe ni ne devient, tout en passant et devenant, identique ainsi à soi dans son mouvement ; il est, écrit Hegel, « le naître et disparaître qui lui-même ne naît ni ne disparaît, mais est en soi et constitue l'effectivité et le mouvement de la vie de la vérité. Le vrai est ainsi le délire bachique dans lequel il n'y a aucun membre qui ne soit ivre, et ce délire est aussi bien le repos transparent et simple ». La conscience se connaît et se reconnaît dans son objet quand cet objet qu'elle engendre réengendre la négativité productrice qui l'a d'abord engendré. La conscience voit alors dans son objet son propre voir, elle sait en lui son propre savoir, elle entend en lui l'écho de sa grandeur interne. Elle sait alors qu'elle regarde le fond de son être, ce fond qui en elle présente le rythme d'une dynamique qui se saisit d'elle et la conduit à fin d'harmonie vivante avec la totalité.

*

Terre ! Tu prends part à mon deuil.
Et notre douleur, comme les chagrins des enfants,
Se change en sommeil.

Hölderlin
(*Au dieu Soleil*)

*

Le paradoxe de la conscience est de se vouloir, dans l'immédiat, radicalement différente de ce à quoi en même temps elle se rapporte : elle pose le vrai comme étant quelque chose de stable en dehors d'elle ou en elle, elle ne prend comme vrai que l'un des côtés d'une opposition à l'exclusion de l'autre – sans voir qu'elle est elle-même prise par-delà elle-même dans la spécularité de la totalité en mouvement. Le moteur de la *Phénoménologie de l'esprit* est l'inégalité demeurant entre la conscience et la substance, différence qui ne cesse d'être déchirure et s'accomplit en une immanente réconciliation harmonique que lorsque la substance se comprend elle-même comme Sujet, autrement dit lorsque la conscience subjective ne se constitue plus comme un moment extérieur au contenu mais au contraire comme sa vie même : la réflexion n'est plus dès lors à l'extérieur du déploiement de l'Absolu comme totalité, mais l'Absolu lui-même est réflexion; la conscience acquiert alors un statut ontologique et apparaît comme fonction motrice au sein de la dynamique inhérente au devenir dont l'Absolu est tissé. « Dans la *Phénoménologie de l'esprit*, chaque moment est la différence du savoir et de la vérité, et il est le mouvement au cours duquel cette différence se supprime » : la vérité est vivante, et le vrai est le Tout; le savoir veut se fonder sur une vérité qu'il considère fixée et immobile, jusqu'à ce que la conscience reconnaisse au terme de son cheminement ce mouvement de la vie de la vérité comme celui de son être propre. Elle est alors dans son concept, elle se sait comme détermination de réflexion au cœur du Sujet absolu, elle se sait comme le Moi du Soi : « Le Moi a un *contenu* qu'il *distingue* de soi, car il est la pure négativité ou le mouvement de se scinder; il est *conscience*. Ce contenu dans sa différence aussi est le Moi, car il est le mouvement de se dépasser soi-même ou cette même pure négativité qui est Moi ». Ce Moi identique dans sa différenciation se résout en un Soi, un savoir de soi. La conscience possède en lui son concept : « ce concept est le savoir de l'opération du Soi en soi-même, comme savoir de toute essentialité et de tout être-là : le savoir de ce Sujet comme de la substance et de la substance comme ce savoir de l'opération du Sujet ».

On ne saurait trouver trace chez Hegel d'un quelconque subjectivisme dans cette absolutisation du comportement dialectique de la conscience comme vrai, car cette conscience n'est pas seulement la nôtre ; la vie qui anime l'histoire de cette conscience n'est pas prise dans la finitude. Contrairement à la conscience phénoménologique hégélienne, chaque conscience en finitude meurt avec la figure qu'elle incarne pendant un moment, tandis que la conscience phénoménologique perdure après avoir saisi l'inadéquation de telle figure ; l'acte non-fini d'une conscience agit qui, nous prenant comme motif d'incarnation, nous dépasse ensuite, un acte dont en nous l'histoire est plus que nous, l'acte d'une conscience *ontologique*, l'acte de l'Esprit absolu qui, contrairement à la conscience finie et pérégrinante, demeure identique à soi-même comme devenir dans le devenir et mobilité dans le mouvement, qui apprivoise la négation, qui se constitue négativité, et qui en sursumant plus d'un effondrement acquiert une vie plus haute.

*

Égoïste enseveli dans un sommeil sommaire,
Je gisais comme le minerai dans sa gangue.

Hölderlin
(*À Hercule*)

*

Il est frappant de saisir combien la puissance de cette conscience logique submerge chez Hegel la conscience subjective, il est frappant de constater combien de fois, au pèlerinage phénoménologique, nous sommes morts comme individus, à travers le temps et l'histoire, alors que par là même se révèle l'imperturbable mouvement de l'hégélien Esprit absolu survivant à toutes ses mues et à toutes ces métamorphoses qui, à travers les âges d'un Logos dont la langue est *contra*-diction, emportent l'individualité pseudophobe comme une brindille triviale. La conscience individuelle pétrie de finitude s'ouvre ainsi à l'infinité qu'elle porte afin d'en être véhicule et sans y servir non plus de fusible, sa détermination servant, par voie de crispation, à établir en elle la motricité de la contradiction, une infinité qui est l'indéfinité sempiternelle du mouvement, une sempiternité qu'elle reçoit, qu'elle est en un sens, mais qu'elle n'a pas.

Dans cette indéfinité dont le mouvement ouvre sa liberté comme déterminabilité, dans cet indéfini que Hegel nomme « l'infini », la conscience phénoménologique saisit sa portée ontologique en comprenant la fonction logique et la situation toujours déjà résorbée que représente la position de sa liberté comme liberté. En mourant à elle-même au moment où elle a pris sur elle de s'enfoncer dans la Chose, en s'identifiant à la vie du contenu, la conscience s'est retrouvée, par-delà sa finitude, éveillée à l'énergie de la non-finité qui l'a mobilisée : « plongée dans la matière et progressant dans le mouvement de celle-ci, affirme Hegel, la conscience revient en elle-même, mais pas avant qu'on en soit au point où le remplissement c'est-à-dire le contenu qui est le sien se reprend en lui-même, se simplifie en une déterminité, se rabaisse lui-même à l'un des côtés d'un être-là et passe en sa vérité supérieure. Par là même, le tout simple qui se regardait d'en haut émerge lui-même de la richesse dans laquelle sa méditation paraissait perdue ».

*

Je titubais dans le flot.
Le conflit des éléments déchaînés
Allait entraîner l'heure fatale.
Je voulus alors que ma loi fît appel à l'infini
Pour conclure avec lui une alliance fraternelle.

Hölderlin
(*Hymne à la liberté*)

*

Le Savoir absolu ne signifie pas l'absolu du savoir ; le savoir est absolu quand il est délivré, libre, sans contrainte extérieure à celle qu'il s'est librement donné, lorsqu'il est savoir de l'action dynamique de l'Absolu comme savoir, autrement dit lorsque l'être est su comme Soi et le Soi comme être. Le Savoir absolu est le savoir que le Sujet absolu prend de lui-même. Ce Sujet met le monde sous son regard pour y réfléchir la teneur de son propre pouvoir ordonnateur, et afin d'établir sur terre, en régime d'immanence, à travers la conscience humaine politique des droits, des devoirs et de la vie éthique en général, le Royaume de Dieu. La plus grande jouissance du Sujet absolu est de voir de la matière monter l'esprit et l'amour.

*

Je parcours tout l'orbe de la vie
Pour revenir au point d'où je partis.

Hölderlin
(*Cours de la vie*)

*

L'Esprit se connaît ainsi lui-même dans l'univers. Les figures du cheminement de la conscience se révèlent à la fin de l'odyssée comme les étapes de la progressive prise de conscience de soi du Sujet absolu – se découvrant comme Esprit. La *Phénoménologie* n'est pas seulement notre pensée, mais la pensée de soi de l'Esprit absolu. Le Savoir absolu n'est rien de plus, au-delà ou en dehors, que le mouvement du contenu constitué comme intériorité du Sujet absolu. Il est compris à la fin comme fondement du processus dont il est la prise de conscience terminale ; alors son propos n'est pas de demeurer calmement en lui-même, mais, par une loi qui fait corps avec sa logique immanentiste, de se vouer directement et nécessairement à l'incarnation, en affirmant toutefois qu'il y a liberté car subir la nécessité de sa dynamique lui est chez Hegel une si coalescente destinée que cet « Absolu » la croit sa décision : aussi sa première position, une fois parvenu à la conscience de lui-même, est-elle de s'aliéner, de s'incarner et de revenir au sensible. Le dernier chapitre de la *Phénoménologie* s'ouvre ainsi sur le premier, mais à présent le sens de ce premier chapitre, le sens de la certitude sensible, premier et naïf comportement de la conscience, lui a été donné. « Le vrai est le devenir de lui-même, le cercle qui présuppose son terme comme son but et l'a pour commencement ».

Le chemin qui conduit de l'immanence à l'immanence est clos sur soi, il est un Soi autogratulé de cette bouilloire interne à laquelle il prétend la vie réductible sous prétexte qu'elle est mouvante, il est un Soi n'aspirant qu'à la forclusion de soi et n'usant de la pensée que pour en dégager la guise de mobilité qu'il juge utile à l'entreprise de superposition que sa doctrine opère entre le flux du vivant observable et la dynamique spéculaire de la conscience.

*

Sans se flétrir par des idoles extérieures à lui-même,
Fidèle à l'immanente alliance qu'il a conclue,
L'univers pose ici comme liberté sa terrible vie.

Hölderlin
(*Hymne à la liberté*)

*

Dans la *Phénoménologie*, l'Esprit se donne lui-même en spectacle, il conquiert sa propre richesse à travers les choses et les êtres, les hommes et l'Histoire. Les figures de la conscience sont les formes dans lesquelles il obtient son savoir de soi comme savoir. « L'Esprit n'existe qu'après l'accomplissement du travail par lequel ayant dominé sa figuration imparfaite il se crée pour sa conscience la figure de son essence, et de cette façon égalise sa conscience de soi avec sa conscience ». Ainsi, le douloureux chemin parcouru par la conscience est pour l'Esprit absolu son calvaire. Il se fait progressivement sortir des présupposés qu'il se donne, mais sans jamais refuser de prendre sur soi la tension la plus déchirante. Hegel considère le christianisme comme la seule sensibilité religieuse assez riche pour dire la subtilité dialectique de sa pensée. Pour Hegel, aucune autre religion ne saisit dans l'Absolu cette capacité de traverser malgré soi la mort afin de ressusciter sous une forme neuve et transfigurée, aucun autre Dieu que le Dieu chrétien ne sait traverser la mort tout en demeurant parfaitement divin, ni ne sait dans cette mort survivre à soi-même. Hegel essaye ainsi de donner une dimension religieuse à son propos en y absorbant le christianisme dont il ne connaît guère le Mystère.

Le Vendredi Saint spéculatif fut jadis historique, dit Hegel, mais il convient aujourd'hui de le considérer comme un moment du déploiement de la Philosophie, car « ce qui dans la religion était contenu ou forme de la représentation d'un autre, dit-il, cela même est dans la Philosophie l'opération propre du Soi ». Ces propos, parmi les derniers de la Phénoménologie de l'esprit, et qui font de la Croix du Christ une figure du Concept hégélien, de ce concept où joue à plein l'expression de l'*Aufhebung*, répondent à ce que concluait la *Préface* et qui débouche sur l'exposition du Système entier dont la *Phénoménologie* n'est qu'une introduction pérégrinante : « ce qui importe dans le cas de l'étude de la Science, c'est de prendre sur soi la tension astreignante du Concept », le déchirement de cet « Esprit absolu » qui n'est uni à soi qu'en une constante relation à l'altérité.

CONTRAPUNCTUS III

CONTRE-SUJET

Au terme de son pèlerinage phénoménologique, la conscience connaît de l'intérieur l'action processuelle du Sujet absolu et se trouve en mesure de dégager en toute rigueur le rythme de sa vie propre. Il ne s'agit plus pour elle de partir de sa propre expérience de conscience, mais de laisser le langage de l'Absolu se dire lui-même afin qu'il dégage en lui-même de lui-même et par lui-même l'éventail de ses catégories. Ce déploiement de l'Absolu au sein duquel la conscience sera elle-même prise, ce déploiement au sein duquel ou dans lequel la *Phénoménologie de l'esprit* n'est qu'introduction, ce déploiement absolu par l'Absolu de la vie de l'Absolu dans l'*Encyclopédie* duquel la *Phénoménologie* elle-même est une partie qui sera reprise en un chapitre ponctuel, ce développement total a la *Logique* pour impulsion capitale – et la Science de la Logique est le discours que l'Absolu porte dialectiquement sur soi.

La Logique (*die Logik*) n'est pas le logique (*das Logische*). Ce dernier est l'élément logique, le mouvement du vrai. Quant à la Logique, Hegel ne la considère pas au sens de la logique formelle, mais fait retour à la conception héraclitéenne pour laquelle coïncident le devenir et le *Logos* (le Discours). Science de la logique (*Wissenschaft der Logik*) signifie à la fois : 1. comme génitif objectif, la science dont l'objet est le Verbe universel par lequel les étants sont posés et remontent à leur principe ; 2. comme génitif subjectif, le savoir que le *Logos* universel prend de soi-même. Le *Logos* est le savoir de soi qui crée le monde pour y réfléchir sa propre gloire dans le mouvement et l'aspiration des êtres à lui-même, l'action des hommes qui bâtissent l'État libre, la pensée du philosophe hégélien prenant conscience de cette prise de conscience du *Logos* dans et comme le monde, s'identifiant donc avec elle et constitue l'être-là de l'Absolu en et pour soi.

*

La toute-puissance de l'Essence éclatait. Toutes les figures se montraient fraternelles.
Les rires partout résonnaient de nette simplicité, les saluts pompeux avaient laissé place aux mains tendues.
Le renouveau d'un jaillissement exaltait toutes choses.
Le vin de Chios étincelait.
La frondaison des myrtes bourdonnait d'harmonies réconciliées.
Mais je cherchais plus que cela. Car cela ne tirait pas de la mort.

Hölderlin
(*Hypérion*)

*

La pulsation de l'Absolu, c'est *le* logique c'est-à-dire le mouvement du vrai, dont Hegel obtient le surgissement toujours de la même manière, soit à partir d'un scepticisme qui met en cause toute finitude prétendant à l'absolutisation.

Ainsi, dans ce texte inaugural et majeur qu'il intitule *Concept préliminaire* et qui ouvre son *Encyclopédie des sciences philosophiques*, Hegel montre que le logique n'est atteint qu'au terme de l'analyse des insuffisances propres aux différentes attitudes de la pensée à l'égard de l'objectivité (ces attitudes étant le dogmatisme, l'empirisme, le criticisme, l'intuitionnisme). Cette dénonciation à la fois imperturbable et violente aboutit à un doute généralisé, dont il convient seulement alors de dégager le substrat invisiblement giboyant et actif; ce qui, de manière imperceptible mais naturelle, fait aboutir au logique.

De même, dans la *Phénoménologie*, les figures du scepticisme et de la conscience malheureuse précèdent directement l'avènement de la Raison identique en sa vie à la réalité.

*

Je n'étais plus qu'activité débordante,
Je découvrais en moi la vraie puissance du doute.

Hölderlin
(*Hypérion*)

I. *Sujet – Doute*

La conclusion de la *Critique de la Raison pure* selon laquelle on ne peut connaître objectivement que les phénomènes, est employée, en une évidente ironie et contre l'intention profonde de Kant lui-même, comme stimulus par tout un courant néo-sceptique et empiriste réclamant le « dépassement » de Kant par retour à Hume – autoproclamé dépassement qui représente assurément aux yeux de Hegel, en dépit des sévérités qu'il adresse à la pensée kantienne, une considérable régression. Pour ce scepticisme empirique et son principal porte-parole, un dénommé Schulze (principalement auteur d'un ouvrage, l'*Ænésidème*, qui à l'époque eut de l'écho), seul est vrai le témoignage des sens. Schulze possède un mérite, celui d'avoir astucieusement mis en relief la contradiction de la démarche critique : si la conclusion de la *Critique de la raison pure* est vraie (« une connaissance est objective si et seulement si elle est phénoménale »), alors l'œuvre se nie elle-même puisque sa démarche n'est pas expérimentale ni ne relève des phénomènes ; et si la *Critique de la raison pure* est possible, alors sa conclusion est impossible. Mais, très-arbitrairement, Schulze décide que la conclusion de la *Critique* est juste, indépendamment de la démarche, comme si l'on pouvait séparer l'une de l'autre tandis qu'il vient de montrer le contraire. La passion idéologique qui anime cet exorable auteur lui fait oublier tout esprit de conséquence rationnelle.

Cet empirio-scepticisme qui accuse Kant de ne pas déterminer le point de vue d'où l'on pratique la discernante et prolégoménale critique des facultés de l'âme, ne dit pas non plus quel est son propre point de vue empirio-sceptique pour affirmer tout de go la non-vérité de ce qui relève de l'esprit... Il est pourtant aisé de constater que c'est nécessairement à partir de l'esprit lui-même que peut être émise une critique, même massive, des propositions et des actes intellectuels. Ce Schulze tombe ainsi dans la contradiction qu'il reprochait à Kant... Or, la chose est d'autant plus grave que cette déchéance logique n'est pas subie, elle n'est pas le résultat d'un manque de rigueur, d'un moment d'aveuglement ou d'une incompétence passagère au cours du raisonnement : cette déchéance est délibérément choisie par cet auteur et c'est en toute conscience idéologique que ce scepticisme nie la conscience. Il se jette de son plein gré dans le refus de l'âme, dans l'animalité.

Pour Hegel, cette tendance du scepticisme moderne issue de l'héritage empirio-sceptique de Hume, se trouve aux antipodes de la véritable *skepsis* (soit l'observation) à l'œuvre dans le scepticisme des Anciens. La *skepsis* est à l'origine un comportement philosophique, une attitude d'attention à l'erreur; c'est un refus de l'immédiateté et la découverte, pour la pensée, de son identité propre, libre du règne des choses. Par conséquent, l'élément sceptique n'est pas dirigé originellement contre la philosophie, mais fait au contraire partie d'elle. Il constitue même pour Hegel son acte de naissance. « Loin de se diriger contre la philosophie, c'est uniquement le dogmatisme du sens commun que visent les tropes sceptiques. » Les tropes sont les arguments récurrents, et de ce fait reproduits en diverses règles, par lesquels les sceptiques plongent l'entendement dans l'embarras et l'obligent à suspendre son jugement. « Pas un seul de ces tropes ne concerne la raison et sa connaissance, mais tous s'appliquent exclusivement au fini et à la connaissance de celui-ci, l'entendement. » *Das Skeptische*, l'élément sceptique, est donc commandé par une vision vivante de l'être, et par son irréductibilité à quelque chose de fini. C'est un refus philosophique de cette absolutisation du fini à laquelle est naturellement porté le sens commun.

*

Que de fois ai-je cru trouver l'Indescriptible pour avoir simplement osé m'abîmer dans mon amour…
Que de fois me suis-je cru porté au sein du mouvement sacré…

Hölderlin
(*Hypérion*)

*

Mais cet élément sceptique, qui est pour Hegel l'acte de naissance de la pensée philosophique et ne constitue rien d'autre que la volonté de conserver clairement sous les yeux la mobilité de l'être, évolue au cours des époques pour diriger toujours plus son action contre la connaissance philosophique. Est-ce néanmoins à l'identité concrète de la Raison vivante qu'il s'attaque ? Non. C'est plutôt à la généralisation dogmatique de ce contre quoi était dirigée originellement la négation sceptique, c'est-à-dire le sens commun qui a désormais solidement absolutisé le fini. *Das Skeptische* (l'élément sceptique) devient alors le scepticisme, autrement dit une école, et se bat contre ce que Hegel appelle « la pensée d'entendement » représentée notamment par le courant stoïcien, qui pour les sceptiques concentre la logique du sens commun. Les tropes sceptiques dissolvent alors tout contenu déterminé. C'est pour Hegel une noble tâche que de vouloir briser le principe d'identité de l'entendement courant. Le scepticisme est d'ailleurs invincible; il a pour lui la caution du mouvement de la vie : toute chose finie passe et trépasse. La négation est immanente à l'être et rien ne saurait jamais s'imposer comme principe stable et fixe. Aucune vérité finie n'est possible.

Le scepticisme est donc bien, en son essence, un allié substantiel de l'hégélianisme. Mais le scepticisme, dans son refus de toute vérité, évolue vers certains états de contraction qui le crispent malencontreusement sur lui-même ; il entre alors en une phase de décadence ; il achève de dégrader l'élément sceptique en sceptic*isme*, et devient ainsi un dogmatisme de plus. Car une véritable négation sceptique doit être conséquente avec elle-même ; il est certes pertinent qu'elle fasse agir le travail du négatif sur toute positivité de finitude afin de faire paraître la non-totalité dont cette finitude est affligée ; mais également, pour ne pas entrer en contradiction avec soi et ne pas tomber dans le dogmatisme, il est fondamental de reconnaître la positivité inhérente au travail de la négation, l'alternance vivante propre à la négativité, il est rationnellement capital pour la négation de ne pas s'étouffer en soi-même et de savoir prolonger son agir en niant sa propre négation.

*

Où trouverons-nous l'Unique qui nous donne la paix ?
Et quand pourrons-nous entendre de nouveau chanter notre cœur ?

Hölderlin
(*Hypérion*)

*

Il y a deux chemins opposés pour la négation : celui de l'Identité spéculative et de la négativité (c'est-à-dire la vie comme négation de la négation, ou mise en mouvement du fini) ; ou bien celui de l'identité abstraite, celui du *dogmatisme du non*, celui de la négation crispée sur elle-même (qui oublie qu'elle est négation déterminée et qui transforme son inquiétude en position ferme), c'est-à-dire la dégradation de la négation en *nihil-isme*. Tout suffixe en « *isme* » trahit pour Hegel un illégitime élément de fixité. Dans le cas de « scepticisme » ou de « nihilisme », Hegel veut montrer qu'il y a nécessairement contradiction dans les termes. Ce que veut avant tout le scepticisme, c'est mettre en mouvement et déstabiliser la copule du jugement, la potentielle rigide identité du « est » dans le regard d'une pensée d'entendement, nier sa finitude. Mais le danger surgit alors de tomber dans le néant au lieu de saisir dans le « est » la totalité spéculative et la mobile positivité du devenir. Le risque d'un scepticisme qui refuse de se nier lui-même est tout simplement de n'être pas ce qu'il est, de ne pas réaliser son essence qui consiste à poursuivre sa négation jusque dans ses limites; un scepticisme idéologiquement borné est menacé de s'abstraire de la totalité et de se retrouver pris dans les rets d'une négation finie n'ayant plus grand-chose à voir avec l'infini mouvement de la négativité. Refuser l'accomplissement spéculatif, c'est-à-dire refuser de transfigurer la négation en négativité, en cela consiste la dégénérescence de l'élément sceptique lorsqu'il tombe aux mains des imbéciles. L'élément sceptique qui devient scepticisme adopte une attitude erronée qui consiste à affirmer avec arrogance et certitude la non-vérité universelle – et c'est là une remarquable et grotesque contradiction. Dès lors, *il ne doute plus*, et devient bien trop certain de son objet – qu'il fait erroné.

L'élément sceptique (*das Skeptische*) doit être intégré dans l'être s'il ne veut pas périr, il ne doit pas se crisper dans le néant : tout néant est néant de ce dont il résulte, et il n'y a de scepticisme que moteur et dynamique. Un vrai scepticisme, un scepticisme spéculatif, intégré comme moment nécessaire de la processualité de l'Absolu, un scepticisme en toute rigueur, n'est pas ce que l'on connaît habituellement sous le nom de « scepticisme » mais ce que Hegel revisite en soulignant le rôle du *Skeptische*, de « l'élément sceptique » dont une fois consciente de soi la dynamique est fructueuse.

*

Apprendre à connaître ce qu'il y a en moi de plus noble et de plus fort,
Tourner mes yeux sur la part libre, indomptable et divine qui existe en toutes choses,
Donc en moi aussi...

Hölderlin
(*Hypérion*)

*

Pour Hegel, seul Platon a véritablement été au bout de la négation sceptique, et c'est de ce scepticisme conséquent que le hégélianisme se réclame : « Où mieux que dans la philosophie platonicienne, demande Hegel en un puissant texte de jeunesse intitulé *La Relation du scepticisme et de la philosophie*, où pourrions-nous trouver document et système plus parfait et mieux accompli du scepticisme authentique, que ceux que propose le *Parménide*? Il s'empare de tout le domaine de ce savoir par concepts d'entendement et le laisse en ruines. Ce scepticisme platonicien n'a pas pour objet un doute qui porterait sur ces vérités de l'entendement qui connaît les choses comme diverses, comme totalité composée de parties, qui connaît une génération et une corruption, une multiplicité, une similitude, etc., et formule telles assertions objectives, mais il se propose de refuser radicalement toute vérité à une telle connaissance. Ce scepticisme ne constitue pas une pièce particulière d'un système, mais il est lui-même le côté négatif de la connaissance de l'Absolu et présuppose immédiatement la Raison comme le côté positif ». Le *Parménide* est un dialogue aporétique dont le nerf est l'examen successif de neuf thèses affirmant puis niant la présence de l'Un selon des formules démonstratives clairement unilatérales, dont les procédés sont fixes, strictes et rigides, qui mettent volontairement en œuvre ce qui pour Hegel est par excellence une pensée d'entendement. Au fur et à mesure que se succèdent et se réfutent ses unilatéralités, c'est donc une immense entreprise de négation de toute unilatéralité qui en creux se dessine, et la Raison est alors l'élément qui seul demeure invisible et stable dans le mouvement même de cette négation ; la Raison y est pour Hegel le mouvement de la négation lui-même.

Dans le *Parménide* se voit déjà compris le fait que seul le tout est le vrai ; le tout est l'ensemble de plusieurs opinions déterminées mises successivement en question, et le vrai se manifeste *dans et comme* cette mise en question. Il est alternativement négation de l'opinion déterminée, puis négation de cette négation, puis à nouveau négation de cette entité, etc. C'est là le mouvement de la Vérité, au sein duquel seulement le scepticisme est dans sa vérité. « Le scepticisme qui apparaît dans sa pure forme *explicite* dans le *Parménide*, se trouve sous forme implicite dans tout système authentiquement philosophique ; car il est l'aspect libre de toute philosophie ; lorsque dans une proposition quelconque exprimant une connaissance rationnelle, on isole son aspect réfléchi, les concepts qui y sont enfermés, et que l'on considère la manière dont ces concepts sont liés, il apparaît nécessairement que ces concepts sont en même temps dépassés ou qu'ils sont unis de telle façon qu'ils s'articulent dans l'unité d'une même contradiction ». Là se trouve véritablement la proposition de Raison, qui saisit toujours les termes contraires dans leur unité contradictoire. Cette unité ne peut être pensée par les doctrines unilatérales, ce qui explique, comme le remarque Hegel, que les uns tenaient Platon pour un dogmatique, les autres pour un sceptique, preuve s'il en est de l'irréductibilité à l'une ou l'autre position de la vérité dévoilée comme cheminement au sein d'une œuvre si mal comprise que le *Parménide*.

L'absence de conclusion et la dynamique de l'aporie, tels sont les deux thèmes ici retenus par Hegel, qui voit dans cette fameuse et difficultueuse œuvre de Platon la réconciliation de la fin et du processus, la présence de la vérité comme jeu des différentes déterminations entre elles, la vérité comme unité vivante et contradictoire.

Cette vérité, c'est aussi pour Hegel la conscience de soi du scepticisme.

*

Il y a en nous un doux sentiment de satisfaction
Lorsque nous sentons notre intériorité se fortifier au contact de sa substance,
S'en différencier pour mieux s'y lier ensuite,
Et notre esprit s'armer ainsi peu à peu.

Hölderlin
(*Hypérion*)

*

Mais l'élément sceptique ne doit pas être tout bonnement agrégé à la totalité, et se voir ainsi toujours déjà résolu, car le moment de la différence n'est pas la petite escapade sans gravité et sans conséquences réelles que se permettrait l'Absolu. Pour être véritablement moteur, constituer un mouvement et un moment – un *mo(vi)mentum* – la négation sceptique doit être sincère. Le doute n'est réel que s'il est aussi désespoir, disent les pages initiales de la *Phénoménologie de l'esprit.* Cela est nécessaire à l'effectivité de la négation. Le doute dialectique de Hegel est bien plus hyperbolique que celui de Descartes. Descartes ne s'abandonne jamais vraiment au doute, il ne désespère pas ; le doute est toujours maîtrisé, il est *méthodique.* Mais cette idée de méthode est loin de Hegel qui ne se laisse guider que par la vie du contenu. Le doute de la conscience phénoménologique est parfois désespoir. C'est pourquoi elle peut se constituer en véritable moment sceptique. Comme le dit l'un des *Syllogismes* de Cioran, qui serait étonné de se savoir si proche de l'état d'esprit au sein duquel évolue la conscience hégélienne : « Le scepticisme qui ne contribue pas à la ruine de notre santé n'est qu'un exercice intellectuel ». Le désespoir, l'absence momentanée d'ancrage qui ignore précisément qu'elle est momentanée, est la garantie que l'individu sceptique a bien détruit la validité du monde fini, qu'il se retrouve face au néant, et que l'esprit, au cœur même de son angoisse, a le sentiment abstrait mais nécessaire de sa singularité, de sa liberté.

Le sceptique s'élève au-dessus du fini, mais en s'élevant il se voit également comme fini, et ainsi comme néant. La conscience sceptique nie les situations finies mais elle se voit elle-même comme prise dans ces situations. En même temps qu'elle s'élève, elle s'abaisse. C'est le destin de la conscience sceptique que d'être une conscience malheureuse. La conscience est malheureuse quand elle se tourne vers sa finitude, quand elle n'a pas encore conscience de son infinité à concevoir sa finitude, quand elle ne se voit pas encore comme l'être-là d'une Pensée dont le processus la dépasse, quand elle n'a pas conscience du fait qu'elle incarne en soi l'unité mobile qui tient ensemble le fini et l'infini, quand elle ne sait pas qu'elle est l'être-présent de l'Esprit absolu.

*

Je contemple un instant, je médite, puis me retrouve tout à coup seul au milieu des tourments de la condition mortelle.
L'asile de mon cœur, le monde éternellement un, se dérobe.
L'Essence me refuse ses bras et me voici en face d'elle comme un étranger, incapable de la comprendre.
L'érudition que j'ai suivie au fond de ses labyrinthes, toute cette sapience m'a corrompu.
J'ai appris à me séparer de ce qui m'entoure,
Et me voilà isolé dans la beauté du monde,
Exilé du jardin où je fleurissais, dépérissant au soleil de midi.
L'homme est un dieu lorsqu'il rêve, mais il est un mendiant lorsqu'il pense.

Hölderlin
(*Hypérion*)

*

Le scepticisme et l'aliénation qui en résulte sont donc des figures populaires courantes, car des moments inclus dans l'auto-déploiement de l'Esprit absolu; ce ne sont pas des moments individuellement nécessaires au sens où s'y complaire serait sagesse, au contraire, mais du moins l'Esprit les connaît-il et à ce titre ces poisons sont solubles. Cependant, l'acharnement sceptique n'est pas pour autant résorbé par l'Absolu ni englouti dans l'Identité; il y est sursumé (*aufgehoben*), c'est-à-dire dépassé tout autant que conservé. Là est la force de l'Identité spéculative hégélienne. La négation ne doit pas oublier qu'elle a besoin de l'être pour être effective, et donc qu'il n'y a pas de néant sans la précédence de l'être qui transforme ainsi ce néant en négation et travail du négatif: « c'est seulement en tant qu'il est pris comme le néant de ce dont il provient que le néant est en fait le résultat véritable; il est par là lui-même un néant *déterminé* et il a un *contenu*. Le scepticisme, qui finit avec l'abstraction du néant ou de la vacuité, ne peut pas, à partir de celle-ci, progresser plus loin, mais il lui faut attendre de voir si quelque chose, et quoi, s'offre éventuellement à lui comme du nouveau, pour le précipiter dans le même abîme vide ». Ainsi, en dehors de son existence comme moment du déploiement dialectique de l'Absolu, le scepticisme n'est autre qu'une « absurde querelle de jeunes gens », une ironie grinçante au mode d'existence parasitaire, qui attend l'émergence d'une chose pour pouvoir la détruire, mais qui a en tout point besoin de cette même chose pour pouvoir se comporter. Un tel acharnement, s'il est efficace face à une abstraite et fixe finitude, demeure dérisoire face à l'infinité vivante de l'Absolu dont la négativité le reprend et dont il ignore qu'elle est sa condition de possibilité. Pour pouvoir prétendre mettre l'Absolu en cause, le scepticisme doit préalablement se mentir et dégrader ce qui relève de l'identité non-finie en identité finie afin d'en obtenir un adversaire à sa mesure et de se donner l'ivresse d'une victoire illusoire : comme le dit Hegel magistralement, « il doit commencer par donner à l'infini la gale pour pouvoir le gratter ».

*

De même que le rayon du soleil dessèche les plantes de la terre qu'il avait fait s'épanouir,
L'homme se plaît à détruire les douces fleurs qui s'étaient ouvertes en lui,
Les joies du proche et de l'amour.

Hölderlin
(*Hypérion*)

*

N'étant qu'une dissolution du fini, le scepticisme ne peut s'en prendre qu'au fini ; si ses ambitions croissent, sa méthode ne pouvant prétendre être plus qu'elle n'est, se met à se mentir, ce qui pousse le scepticisme à tricher intellectuellement. Pour parler de ce qui relève de l'ultime, il doit ainsi rabaisser son objet : empli d'un contre-sens auquel il s'oblige par vanité, il doit finitiser l'Identité absolue (c'est-à-dire se forcer à la manquer) pour pouvoir la soumettre à ses orgasmes corrosifs. Tout scepticisme intempestif est ainsi doublement inadéquat : il est falsification de son objet et simple démangeaison superficielle. Ainsi, il se contente souvent mieux en une vile manie qu'en une attitude pensante. « Rien n'étanche ma soif de doutes : que n'ai-je le bâton de Moïse pour en faire jaillir du roc même ! » C'est ainsi qu'un Cioran confesse ce vice propre à la frénésie sceptique. Et de poursuivre : « Quand sur l'Arbre de la Connaissance une idée est assez mûre, quelle volupté de s'y insinuer, d'y agir en larve, et d'en précipiter la chute ! »

Mais l'Identité absolue, négation de la négation, pure négativité, *alternance simultanée* d'être et de néant, demeure toujours présente. Elle est la totalité en incessant mouvement de soi en soi, toujours une et toujours autre. La Philosophie est pour Hegel le savoir de soi de cette Identité. Et la relation de l'individu à la philosophie en général est une affaire de décision : « on ne peut triompher, dit Hegel, de quelqu'un qui veut absolument être sceptique, on ne peut expulser personne du néant. » Il n'y a aucune nécessité à ce que le sceptique accepte de trouver la vérité. Il se condamne alors à une invincibilité toute relative et à une dérisoire négation abstraite. Et, bien plus, il manque à tout jamais la connaissance du vrai, et la reconnaissance de l'harmonie des choses telles qu'elles sont, leur communion dans la négativité. Comme le constate encore Cioran : « Avec un peu plus de chaleur dans le nihilisme, il me serait possible, en niant *tout*, de secouer mes doutes et d'en triompher. Mais je n'ai que le goût de la négation, je n'en ai pas la *grâce* ».

Le scepticisme regardé comme étape au sein d'un déploiement, et non comme crispation au sein d'un douteux contentement, est l'élément moteur de la dialectique hégélienne ; celle-ci est cette assomption de la négation, qui accomplit l'élément sceptique (*das Skeptische*) en l'élément logique (*das Logische*).

II. *Réponse – La vie du vrai*

La mise en évidence *du* logique, qui est chez Hegel le mouvement de la vérité, apparaît comme l'aboutissement naturel de l'examen et de la lucidité sceptique. Toute figure se trouvant mise en question, ne reste que l'actif substrat de cette mise en question même, soit le pur mouvement de la rationalité dialectique. C'est pourquoi Hegel lui-même, à la fin du *Concept préliminaire* de l'*Encyclopédie* – et très précisément dans les paragraphes 80, 81 et 82 qui sont capitaux – révèle la forme pure de ce mouvement qui est celui dont il fait la vie de la vérité. Hegel n'explicite qu'à de fort rares occasions, et souvent de très-rapide façon, le mouvement logique du vrai, c'est-à-dire ce qu'à propos de sa pensée l'on a communément appelé « la dialectique ». Car un tel pur exposé demeure abstrait à ses yeux, abstrait du contenu, abstrait de ce mouvement même dont il doit se faire lui-même surgir en et pour soi. L'exposé de ce mouvement, afin d'appartenir pleinement à l'objectivité, doit naître du mouvement du contenu au sein duquel l'effort pensant s'est décidé à pénétrer. L'exposition du mouvement dialectique n'est ainsi possible qu'à la fin de son propre processus. Avant d'avoir abouti à la conscience de soi de l'Absolu dont ce mouvement est la forme, et aussi avant que le lecteur ait parcouru l'ensemble de la *Science de la Logique* et devienne capable de comprendre la nécessité de ce mouvement, toute narration de ce genre reste une concession pédagogique, l'index d'une nudité. Toute méthode extérieure au contenu est aux yeux de Hegel une inconséquence si elle n'est suivie d'une confrontation avec la dynamique du contenu, et aucune exposition de l'élément logique n'est légitime en dehors du mouvement de la Science, sauf en un but utilitaire et afin d'avoir un fil conducteur dont Hegel entend qu'il soit le plus mince possible.

C'est la raison pourquoi Hegel, en ses quelques textes introductifs, admet son lecteur à une brève explication de cette « dialectique » dont l'aspect réel s'avérera bien plus riche et le rythme bien plus complexe. Ce que la place du marché doxique a conservé et troqué sous le nom de « dialectique hégélienne » n'est en aucune façon la méthode ternaire extérieure au contenu dont les réflexes d'univoque application rendent finalement si ardue l'approche de cette grande pensée à ceux qui les ont malencontreusement acquis. La Science philosophique telle que Hegel en déploie le système est d'esprit contraire aux autres sciences qui opèrent en extériorité et afin d'extraire l'observateur (le sujet) du champ de l'expérience (l'objet). Lorsque Hegel dit quelques mots quasiment aphoristiques sur l'élément logique, cette généralisation abstraite vise une éphémère clarification de l'exposé avant que la conscience ne s'abandonne à une déflagration qui la dépasse. En cet aphorisme introductif il ne s'agit que de la *forme* du logique, et, au seuil de la *Science de la Logique*, « l'indication qui est faite des déterminations du logique, de même que la division, est seulement anticipée et historique ».

*

J'ai vieilli. L'hiver a blanchi ma tête.
Et sous les feux du midi mes cheveux sont tombés.
Mais telle Aurore enlaçant Titon, ô terre,
Tu m'enlaces encore d'une étreinte moite et divertissante, en ta séduisante floraison.

Hölderlin
(*Le Voyageur*)

*

Une fois parvenu à la fin de la *Phénoménologie de l'esprit*, le mouvement du logique est, selon l'ordre des raisons hégéliennes, déjà familier, et ce que Hegel enseigne au seuil de la *Science de la Logique*, qui est elle-même la première partie des trois qui composent l'*Encyclopédie*, apparaît normalement comme gorgé de la maturité acquise en l'exercice de la « Science de l'expérience de la conscience ». Aussi le mode d'être du Sujet absolu, c'est-à-dire le mouvement du logique, nous est déjà familier, mais il s'agit désormais en toute conscience de le laisser s'exprimer seul, et non plus du point de vue cheminant d'une conscience aventureuse. Précisément, l'aspect formel de l'exposé des paragraphes 80, 81 et 82 de l'*Encyclopédie* convient parfaitement à l'objectif que se donne Hegel après les acquis de la *Phénoménologie de l'esprit* et qui consiste à généraliser et à regrouper au sein d'une unitaire physio-*logie* les différentes modalités de l'agir absolu. « Le logique a, suivant la forme, trois côtés : α) *le côté abstrait* ou relevant de l'*entendement*, β) *le côté dialectique* ou *négativement-rationnel*, γ) *le côté spéculatif* ou *positivement-rationnel* ». Hegel ajoute que « ces trois côtés ne constituent pas trois *parties* de la *Logique*, mais sont des *moments de tout ce qui a une réalité logique*, c'est-à-dire de tout concept ou de tout ce qui est vrai en général. »

Il faut comprendre la portée ce terme : *moment*. Il provient du latin *momentum* dont la racine elle-même est *movimentum*, le mouvement. Par conséquent, un moment est inséparable d'un mouvement dans lequel il a son essence et dont il constitue l'essence. Ce terme signifie l'immanence de la totalité en chacun de ses moments, chaque moment honorant la présence en lui de la totalité en déployant pour lui-même par nature une aspiration vers le complet épanouissement de son essence – processus dont naît le mouvement.

Qu'elle soit implicite ou explicite, en soi ou pour soi, la totalité est à chaque fois entièrement présente de la sorte en chacun.

*

Nous sommes des notes vivantes
Accordées dans ton concert, ô Totalité.
Qui le romprait ? Qui diviserait les amants ?

Hölderlin
(*Hypérion*)

*

Au § 80, Hegel écrit : « La pensée en tant qu'*entendement* s'en tient à la détermination fixe et à son caractère différenciant par rapport à d'autres; une telle abstraction bornée vaut pour elle comme subsistant et se tenant à part soi. » L'entendement tient donc le discours suivant lequel une chose est ce qu'elle est et n'est pas autre chose, le discours du principe d'identité tel qu'il a été fixé par la logique aristotélicienne. Chaque étant est un subsistant-par-soi, indépendant de l'autre qu'il tient à l'extérieur de lui. L'idéal de l'entendement est la précision, les différenciations exactes et aiguës faites selon le principe de la stricte identité privée de différence intrinsèque. Mais ce que pour Hegel l'entendement a oublié, c'est que cette différenciation n'a pu avoir lieu que sur fond de totalité.

Chaque étant subsistant par soi n'apparaît en régime de séparation radicale que s'il a en effet préalablement été abstrait du tout auquel il s'articule, et seulement s'il a été nanti d'une déterminité fixe. La pensée qui se fait entendement adopte une attitude analytique : elle prend le tout et le décortique pour avoir sous les yeux tous les éléments distincts. Son essentiel problème est l'oubli de la totalité d'où elle est partie pour commencer sa décomposition. Mais cet oubli est nécessaire pour qu'il y ait *quelque chose* dans le monde, c'est-à-dire quelque chose de déterminé : l'entendement est le travail de différenciation de soi de l'Absolu, et sans cette différenciation, il n'y aurait aucun objet fini, aucune détermination. Pas d'étants singuliers sans la finitisation et le morcellement de la totalité par le travail du principe d'identité de l'entendement – principe que l'homme met en œuvre en opérant selon cette pensée d'entendement que Hegel oppose à la Raison. Certes, l'entendement est inadéquat et ne permet pas de saisir le vrai de la rationalité concrète. « Mais, et la chose est capitale, il faut, dit Hegel au seuil de l'*Encyclopédie*, reconnaître aussi en un second temps à la pensée relevant simplement de l'entendement, son droit et son mérite qui, d'une façon générale, consistent en ce que dans le domaine pratique aussi bien que dans le domaine théorique on n'arrive sans l'entendement à aucune fixité et déterminité. En outre, l'entendement est d'une façon générale un moment essentiel de la culture. Un homme cultivé ne se contente pas de ce qui est nébuleux et indéterminé, mais il saisit les objets dans leur déterminité fixe, tandis qu'au contraire l'homme non-cultivé est ballotté de côté et d'autre de façon mal assurée, et il coûte souvent bien de la peine de s'entendre avec un tel homme sur ce dont il est question et de l'amener à maintenir fixement sous ses yeux le point déterminé dont il s'agit ». Hegel précise que l'entendement est un moment du tout, et non une fixité absolue qui tiendrait lieu de l'essence de la totalité vivante. L'on se trouve donc ici face à une subtile attitude conceptuelle : l'entendement est moment essentiel et n'est pas l'essentiel. L'entendement permet cette précision dans le jaillissement des objets finis, et leur existence en général, processus qu'évacuait l'extatiquo-spinozisme du jeune Schelling. Ainsi Hegel peut-il conclure : « Pour l'acte de philosopher, il est avant toutes choses requis que chaque pensée soit appréhendée dans toute sa précision, et que l'on n'en reste pas à ce qui est vague et indéterminé. Par ailleurs, on a aussi coutume de dire que l'entendement ne doit pas aller trop loin, et il y a là ceci de juste que ce qui relève de l'entendement n'est assurément pas quelque chose d'ultime, mais est bien plutôt fini et, plus précisément, d'un genre tel que, poussé à son extrémité, il se renverse en son opposé ».

*

Viens, ô délice des Muses célestes,
Et comme jadis tu réconcilias les éléments en querelle, viens apaiser le chaos du temps.
Calme la discorde furieuse au son céleste des accords de la paix,
Et que dans les cœurs mortels les forces opposées se réconcilient !

Hölderlin
(*Diotima*)

*

C'est sa propre contradiction immanente, autrement dit la présence de son autre en sa propre détermination, qui pousse l'entendement, porteur de l'identité abstraite, à son propre dépassement dans ce que Hegel conceptualise sous un nom dont le geste demeurera hautement célèbre : le *moment dialectique*. « Le moment dialectique est le propre autodépassement (*Sichaufheben*) de telles déterminations finies, et leur passage dans leurs opposés », dit le § 81 de l'*Encyclopédie*. Le principe d'identité propre au comportement de l'entendement apparaît lors sous un autre jour : une chose est ce qu'elle est et elle n'est pas autre chose, certes ; mais si une chose est ce qu'elle est, c'est précisément *parce qu'*elle n'est pas autre chose. Ainsi, et toute la pensée hégélienne tient en cette proposition : *toute détermination est négation*.

La contradiction que porte en soi le fini est donc la suivante : il veut être indépendant et subsister par soi, mais ne peut cependant se déterminer comme tel qu'en opposition avec l'autre. Aussi cette opposition le replace-t-elle d'emblée dans son environnement, dans son contexte soit dans le rapport à son autre. Toute chose existante peut bien nier son autre, mais ne peut jamais l'ignorer. Bien plus que l'ignorer, nier l'autre, c'est pour Hegel consacrer sa présence. Et, par le jeu immanent de cette négativité, chaque réalité finie qui se replie sur soi-même se renverse médiatement en son autre : par exemple, un universel qui veut n'être qu'universel, qui voudrait laisser en dehors de soi le particulier, devient par là même un particulier puisqu'il est limité du dehors par ce particulier qu'il exclut. Tout étant est défini par *ce qu'il exclut* et par *ce qui l'exclut*. Ce pourquoi Hegel peut écrire que « tout ce qui est fini a pour être de se dépasser soi-même », car tout être fini n'est fini justement que parce qu'il porte *en lui-même* ce qu'il n'est pas : son autre. Il s'anime ainsi autant qu'il est animé d'une interne négativité.

Chaque étant est ce qu'il est parce qu'il n'est pas autre chose, situation que résume parfaitement la phrase « toute détermination est négation. » A est A parce qu'il n'est pas non-A ; mais ce non-A est nécessaire à la détermination de A qui ne serait pas ce qu'il est sans cette altérité. Par conséquent, A est tout aussi bien non A puisque son être dépend de la répulsion de son autre. A = non A, alors A = non (non A), puis A = non {non (non A)}, etc. Le seul élément invariant dans le développement de cette équation est le négatif, qui révèle que chaque être déterminé est toujours plus que ce qu'il est à chaque fois, qu'il est toujours négation d'une négation, ou négativité. La négativité est la contradiction (la communauté en un même acte de l'identité et de la différence), cette contradiction inhérente à toute détermination en tant que détermination, car toute détermination *en elle-même* est rapport à son autre. La négativité, qui au sein de l'être fini est la mobile unité de l'attraction et de la répulsion, s'avère ainsi comme le mouvement de toute détermination qui, de soi-même, sort continuellement de soi afin, en référence à l'altérité, de revenir à sa propre identité puis, forte d'un regard réconcilié sur l'extériorité, de retourner en soi. La négativité est la vie de l'unité absolue.

*

Telle Uranie mélodieuse
Au milieu du chaos déchaîné,
Elle subsiste divine et pure
Parmi l'effondrement des temps.
Entre mille hommages
Mon esprit troublé, vaincu,
S'est efforcé de la saisir.

Hölderlin
(*Diotima*)

*

Le fini porte en lui une instabilité, il porte germe de la négativité : il a pour être de n'être pas ce qu'il est et d'être simultanément ce qu'il n'est pas : « tout ce qui est fini, au lieu d'être quelque chose de ferme et d'ultime, est bien plutôt variable et passager, et ce n'est là rien d'autre que la dialectique du fini, par laquelle ce dernier, en tant qu'il est en soi l'autre de lui-même, est poussé aussi au-delà de ce qu'il est immédiatement, et se renverse en son opposé ». L'objet fini vit son unité avec l'autre sur le mode négatif. Ce qui pousse de la sorte à sortir de soi l'identité-à-soi abstraite propre au fini, c'est l'immanence de la totalité concrète qui apparaît en creux dans ce moment dialectique ou « négativement-rationnel ». Cette négativité, en poussant l'abstraction à son comble, fait en sorte que toute position de finitude se renverse en son contraire. Bien avant les considérations que Heidegger arrache à *La Parole d'Anaximandre* sur les relations paradoxales entre *dikè* et *adikia*, entre « justice » et « injustice », dont il regarde les jeux immanents d'inhérents ajointements, Hegel, au sein même du jeu de la négativité, associe les jaillissants enlacements de la totalité à ce qu'exprime l'adage *Summum jus summa injuria* « par quoi l'on exprime, dit-il, que la justice abstraite, poussée à son degré extrême, se renverse en injustice ».

L'exemple de la dynamique de renversement à l'œuvre dans le moment dialectique est donné par Hegel sur d'autres plans : si l'on pousse à l'extrême l'aspiration à la liberté, alors se déploie une multiplicité d'individus subsistants par soi, coupés des autres et se donnant chacun pour la totalité ; la liberté devient donc anarchie puisque chacun est alors pour soi ; c'est l'individu le plus fort qui finit par dominer dans cette lutte de chacun contre tous, et par un processus de renversement dialectique l'on aboutit ainsi à la tyrannie, soit au contraire même de ce qui était donné comme point de départ, un contraire qui lui est pourtant immanent. À cet esprit d'une lettre qu'il met en scène meurtrière, Hegel préfère la grammaire de cet « Esprit absolu » dont il essaye de dégager la manière d'être et qui, saisissant la vie de la totalité comme l'articulation des individualités déterminées, vivifie « la dialectique du contenu » jusqu'à ce que paraisse l'unité absolue.

*

Alors son Essence sublime m'enlace
Dans la douceur d'un jeu d'enfant,
Et sous son charme mes chaînes
Se dissolvent dans la joie.

Le voilà disparu, mon effort misérable,
La voilà effacée, la dernière trace de mes luttes !
Et avec une pleine vie divine
Se confond la Nature bien que mortelle.

Hölderlin
(*Diotima*)

*

L'agir précis de cet « Esprit absolu » est présent à soi dans le troisième moment, dont le § 82 de l'*Encyclopédie* évoque la caractéristique, cette caractéristique où se joue l'entière spécificité de la pensée hégélienne. Le passage du « moment dialectique » au « moment spéculatif » est le plus difficile à saisir car il n'y a rien à y saisir : pour libérer le Concept (*Begriff*), pour libérer un regard pour la totalité qui saisit l'entier processus, il faut se dessaisir de toute crispation subjective afin de laisser justement cette totalité saisir elle-même le contenu dont le conflit dialectique est désormais pleinement exposé ; il faut laisser de côté tout individuel esprit de conquête afin de laisser à l'Esprit absolu la possibilité de la reconquête. Le passage du moment dialectique au moment spéculatif est difficile parce qu'il demande un dépouillement et parce qu'il n'est pas vraiment un « passage », mais plutôt une reconnaissance de la totalité vivante, un *Rückblick*, un synoptique regard en arrière qui prend en charge le chemin parcouru depuis le premier moment posé par la fixité de l'identité d'entendement.

Le moment spéculatif ou « positivement-rationnel » est le moment où l'Esprit absolu prend conscience de soi et de sa liberté tout au long d'un processus au cours duquel il semble se perdre mais à travers lequel il finit par faire retour à soi. Sur le chemin qui mène du dialectique au spéculatif, la conscience rencontre ce scepticisme qui n'est autre que le raidissement sur soi du dialectique, ou la perception, selon le principe d'identité, de la contradiction universelle : « Le dialectique pris à part pour lui-même par l'entendement, constitue particulièrement quand il est présenté dans des concepts scientifiques, le *scepticisme* ; celui-ci contient la simple négation comme résultat du dialectique », remarque Hegel en complément de l'important § 81 de l'*Encyclopédie*. Le scepticisme clame haut et avec certitude la non-vérité universelle, et désire tout engloutir dans le néant au lieu de concevoir l'être comme une mobilité. Le rôle moteur de la logique dialectique est alors dégradé en un « dogmatisme du non ». Mais l'élément dialectique ne doit pas être aveugle à sa détermination positive : le néant est néant déterminé, il provient de l'être et retourne à l'être dont il a contribué à mettre en relief l'identité négative à soi. Si tout néant est néant de ce dont il résulte, alors *toute négation est détermination.*

« Spéculatif » se dit chez Hegel à la fois au sens large et au sens restreint. Dans le sens restreint, le spéculatif ou positivement-rationnel, est le troisième (parfois quatrième) moment dans « le mouvement du vrai » comme totalité ; il est le moment de l'*Aufhebung*, ce moment dans lequel les deux déterminations opposées apparaissent en leur vérité comme animées d'un mouvement faisant se réfléchir la première dans la seconde et réciproquement. Le latin *speculum* signifie miroir (mot qui s'est maintenu en français dans un sens peu appétissant mais qui prolonge formellement la signification originelle) ; le spéculatif est bien ce processus d'autodétermination réfléchissante qui provoque la vie des termes. Au sens large, spéculatif qualifie toute pensée qui manifeste le souci de la Chose, le souci de la totalité, qui tente de saisir ensemble les contraires sans éliminer arbitrairement l'un ou l'autre. Héraclite et Aristote, par exemple, sont aux yeux de Hegel et à cet égard des philosophes « spéculatifs ».

Véritable dialogue entre des extrêmes en eux-mêmes vivants, le « moment spéculatif » est la prise en compte de la réflexion comme développement et permet d'honorer chaque détermination dans sa négativité ainsi que la négativité comme affirmative position de détermination.

*

Une félicité nouvelle est donnée au cœur patient, qui endure le minuit du chagrin ; et, comme le chant du rossignol dans l'obscurité, le concert du monde n'est perçu divinement que du fond de la douleur. Je vivais maintenant avec les arbres en fleurs comme dans une compagnie de génies, et les ruisseaux limpides qui coulaient à leurs pieds emportaient dans leur murmure, pareil à des voix divines, les peines de mon cœur. Et j'éprouvais cela partout.

Hölderlin
(*Hypérion*)

*

« Le *spéculatif* ou *positivement-rationnel* appréhende l'unité des déterminations dans leur opposition, l'élément d'*affirmation* qui est contenu dans leur résolution, ainsi que leur passage en autre chose », dit le § 82 de l'*Encyclopédie*. La processualité de la négativité dialectique a un résultat positif. Il n'y a pas de néant sans être, la pensée qui nie l'être a quand même l'être pour présupposition. Le positivement-rationnel est concret, il est bel et bien un con-cept (il prend ensemble), dépositaire d'une totalité qui maintient ensemble en elle les déterminations opposées. Il n'est pas une identité pure, ou une différence pure, mais une identité de l'identité et de la différence, soit l'unifiante tension d'un terme et de l'autre, et l'incessant mouvement due à cette tension. Il y a à la fois relation et distance; il y a *Aufhebung*, c'est-à-dire sursomption, *simultanéité* de la *conservation* et de la *suppression* de la différence, contradiction qui seule rend possible la vie. S'il n'y avait qu'une suppression de la différence, l'on aurait alors entre les mains une identité bien lisse, certes, mais également morte aux yeux de Hegel; et l'univers dans ce contexte serait concentré en un point. Au contraire, s'il n'y avait que conservation de la différence, mais sans identité, l'univers serait complètement éclaté et il n'y aurait aucune vie, mais seulement un vide ponctué d'atomes sans relations.

Mais l'Identité spéculative du positivement-rationnel est à la fois ce qui repousse et ce qui relie; elle est unité de l'attraction et de la répulsion. Chaque terme repousse et attire (parce que repousse) son autre. « C'est pourquoi, dit Hegel, un contenu spéculatif ne peut pas non plus être exprimé dans une proposition unilatérale. Si nous disons par exemple que l'absolu est l'unité du subjectif et de l'objectif, c'est sans doute exact, mais toutefois unilatéral pour autant qu'ici l'unité seule est exprimée et l'accent mis sur elle, alors qu'en fait le subjectif et l'objectif ne sont pas seulement identiques, mais aussi différents ».

L'identité spéculative est ainsi la *ré-conciliation* des deux moments qui la précèdent.

*

Tout ce que j'ai haï et redouté
Joint à présent ses tendres accords
À la mélodie de ma vie.

Hölderlin
(*Diotima*)

*

L'unité spéculative est relecture des deux sphères qui la précèdent. Cette unité, dernier moment du processus logique, ne ratifie nullement la validité d'une sorte de « saut » entre les deuxième et troisième moments, et dont le rôle consisterait à éviter la contradiction inhérente au deuxième moment en visant à l'instauration d'une moyenne engloutissant la différence dans sa réconciliation. La reprise de la tension propre à l'élément sceptique au sein du spéculatif et de l'histoire qu'il constitue en soi n'est pas un jeu de langage.

D'une part, la différence est conservée, autrement dit le spéculatif n'ajoute rien de plus aux deux moments précédents, mais il est simplement leur lecture comme moments et leur apaisement dans une pensée qui unifie en l'intériorité d'une harmonie ce qui se présentait comme l'extériorité d'une opposition. Le spéculatif, bien loin d'être l'effacement de la déchirure ontologique ou de la multiplicité, en est la reconnaissance à fin de totalité.

D'autre part, le spéculatif n'est pas une fuite devant la contradiction, mais il est au contraire l'assomption et l'expression de l'infinité d'une telle contradiction, sa libération, que le scepticisme tendait à estomper en se réfugiant dans la fixité d'une négation continuelle, abstraite et dogmatique. L'Identité spéculative n'est pas le résultat d'un saut du deuxième au troisième moment. Il n'y a pas, pour ainsi dire, de 3° moment, mais une refonte de l'articulation des deux premiers moments, un jeu entre le positif et le négatif, un passage incessant d'une unité indifférenciée à une unité différenciée. Il ne faut pas comprendre l'Identité spéculative en trois dimensions mais en deux, elle est le Concept, et le Concept est semblable à un élastique : plus un terme s'éloigne, plus la présence de l'autre est lancinante et plus est grande la tension ; il y a dans l'élastique comme dans le Concept, communauté et simultanéité de la contraction et de l'expansion. La compréhension tridimensionnelle de l'hégélianisme est la source de tous les contre-sens à son égard. Cette pensée restaure le spirituel afin d'établir l'exclusif règne de l'immanence.

Le Concept se joue en deux dimensions, le monde hégélien est véritablement cubiste, c'est un monde sans profondeur extérieure, mais dont la profondeur est dans le jaillissement continuel de ce qui se joue en surface. La transcendance s'efface dans l'immanence, elle y trouve son séjour et sa justification, elle est l'avènement jaillissant et l'advenir médiatisant de ce monde. L'épicentre se confond avec la propagation, comme dans une plane spirale pythagoricienne. Le scepticisme croit posséder l'exclusivité et détenir l'apanage de la contradiction sans terme, alors que c'est bien plutôt le spéculatif qui atteint l'indéfinité du phénomène vivant : le scepticisme ne fait que brûler ce que la vie a de positif et demeure aveugle à sa propre détermination positive. Au sein de la démarche hégélienne, le spéculatif n'est rien de plus que le dialectique compris *comme* dialectique, et l'unité concrète des deux premiers aspects du logique n'intervient pas comme le résultat de leur addition. Le spéculatif n'est pas seulement résultat, mais surtout fondement et vérité de ce qui précède ; il est immanent depuis le début, et c'est lui qui permet, d'abord implicitement puis manifestement, la position d'entendement et la négation dialectique, ces deux éléments n'étant rien d'autre que la propre diction de soi de l'Absolu, sa logique : « la nécessité logique seule est le rationnel et le rythme du tout organique, elle est tout autant savoir du contenu que le contenu est concept et essence, ou encore : elle seule est le spéculatif ».

C'est ainsi que le spéculatif établit la structure circulaire de la réalité, seule condition de possibilité de toute En-*cyclo*-pédie. Ce cercle va de l'être à l'Idée et de l'Idée à l'être, avec cette conclusion : pour tout étant, pouvoir aspirer à son essence, comme il le fait à tout moment, est possible uniquement parce que cette essence est toujours déjà descendue vers lui. Si l'être aboutit à l'Idée, c'est que l'Idée se révèle – mais seulement *à la fin* – comme étant présente depuis l'origine.

III. *Contre-sujet – Être, Essence, Concept*

La *Science de la Logique* est divisée en trois sections : la Doctrine de l'Être, la Doctrine de l'Essence, la Doctrine du Concept. Ce sont ces trois moments : *Être*, *Essence* et *Concept*, qui constituent le dévoilement de l'Idée absolue en sa vérité.

« L'*être pur*, écrit Hegel, constitue le commencement, parce qu'il est aussi bien pensée pure que l'immédiat indéterminé, simple, et que le premier commencement ne peut rien être de médiatisé et de davantage déterminé ». Or, en ce commencement, l'on découvre à la fois la détermination la plus générale – puisqu'aucune chose ne peut avoir telle ou telle qualité, être ceci ou cela, avant, tout simplement, d'être – et la pensée la plus pure – puisque l'être pur ne peut être saisi par la sensibilité ou l'imagination, mais uniquement par la pure pensée. Ainsi cette première catégorie est-elle en même temps l'être et l'acte de penser sous leur forme la plus simple et la plus intacte. Mais une fois fermement replié sur lui-même comme être, l'être laisse en dehors de lui la pensée (c'est-à-dire la différence, la déterminabilité). Ne se voulant rien de déterminé, il n'est rien, il est le néant, comme le montre l'initial mouvement dialectique. Mais ce néant de détermination à quoi s'identifie l'être pur est également identique à la pensée, puisque l'être n'est être pur, ne montre son absence de détermination, ne manifeste son néant que par la nudité même de la pensée.

L'identité plurielle de l'être et de la pensée au commencement de la *Logique*, se pose alternativement comme être niant la pensée, puis comme néant niant l'être, pour ensuite se rappeler à elle-même et se poser comme l'identité *devenue* de l'être et du néant, grâce au facteur commun qui suit tout le mouvement et qui *est* tout le mouvement : celui de la Pensée en son élément logique et dialectique, en sa vie, c'est-à-dire en sa *négativité*. L'être pur est néant, et ce néant se donne lieu, tout comme l'être auquel il est identique, dans une pensée, domaine où il perce au sein du réel; l'être est ainsi la simultanéité de sa rémanence et de sa vacuité et se confond avec la négativité de la Pensée. Rappelons que la Pensée n'est pas chez Hegel un terme individuellement subjectif, mais un principe ontologique, l'inquiétude inhérente à la proposition Moi = Moi autrement dit à la double fonction rassemblante et différenciante du signe « = », car ce lien signifie en même temps attraction et répulsion. Cette Pensée, ou cette négativité, est présente dans l'être pur *et* dans le néant. Si l'être pur peut s'abstraire, c'est par l'action de la Pensée qui l'abstrait, et si le néant peut, sans écart de langage, tout simplement être, c'est parce qu'il est toujours manifesté par une pensée.

Mais cette identité qui resurgit alors est totalement transformée : être et néant ne sont pas la même détermination mais la même absence-de-détermination, c'est-à-dire la même unité négative, soit la même négativité. C'est ainsi en tant qu'absolument-*négatif*, et non en tant qu'absolument tout court, qu'être et néant sont identiques. Leur unité est celle du naître et du disparaître, le *devenir*.

*

Je vis mes joues se flétrir et vieillir la force de mes bras,
Mais toi mon cœur, tu ne vieillis point encore ! Comme Diane
Éveillait son bien-aimé, la Joie, enfant sublime, t'a tiré de ton sommeil ;
Car elle s'éveille avec moi pour une nouvelle et brûlante jeunesse,
Ma sœur, la douce quintessence, et mes chères vallées
Me sourient, et mes forêts, plus chères encore,
Peuplées de chants joyeusement extravagants et de brises facétieuses
Lancent à ma rencontre des cris de plaisir enivré et un amical salut.
Toi qui rajeunis les cœurs et les champs, printemps sacré,
Je te salue, toi l'avant-né du temps,
Toi qui réveilles la beauté de la substance.

Hölderlin
(*Au Printemps*)

*

Si être et néant ne se tenaient pas en une relation d'unité négative ou vivante (chez Hegel ces termes sont continuellement synonymes puisque le travail du négatif est principe d'animation du contenu et la vie définie par le mouvement), alors cette unité ne serait pas le devenir, il n'y aurait pas accès à une sphère de plus profonde lecture relationnelle, mais le regard tomberait à nouveau sur l'être pur, identité immédiate de la pensée et de l'être, tous deux confondus en lui; puis l'être serait renvoyé au néant, et cela indéfiniment; la philosophie retournerait à son commencement sans jamais avancer, elle ne serait qu'un incessant commencement de la même chose, sans évolution, un éternel retour ennuyeusement vide et un abîmement progressif dans l'indifférencié. « Il faut remarquer, dit Hegel au § 88 de l'*Encyclopédie*, que l'expression : « être et néant sont *la même chose* », ou : « l'*unité* de l'être et du néant », – et de même toutes les autres *unités* de ce genre, celle du sujet et de l'objet, etc. – sont à bon droit choquantes parce que ce qu'il y a de boiteux et d'incorrect réside en ceci que l'on fait ressortir l'*unité*, et que si la diversité, à vrai dire s'y trouve (puisque c'est, par exemple, de l'être et du néant que l'unité est posée), cette diversité, pourtant, n'est pas en même temps exprimée et reconnue, et que l'on fait donc abstraction d'elle seulement d'une manière indue; elle semble ne pas être prise en considération. En réalité, une détermination spéculative ne se laisse pas exprimer de façon correcte dans la forme unilatérale d'une telle proposition; l'unité doit être saisie dans la diversité en même temps *présente* et *posée*. Le *devenir* est l'expression vraie du résultat de l'être et du néant, en tant qu'il est leur unité; il n'est pas seulement l'unité de l'être et du néant, mais il est en lui-même l'*absence de repos*, – l'unité qui, en tant que relation à soi, n'est pas purement et simplement immobilité, mais, du fait de la diversité de l'être et du néant incluse dans le devenir, est en elle-même une unité tournée contre elle-même ».

Toute la *Doctrine de l'Être* peut être lue comme le devenir du devenir, son mouvement d'intériorisation, d'approfondissement, et son entrée dans soi comme essence et fondement.

*

Dans son orgueil toujours inquiet, l'homme prend les armes
Contre tout ce qui respire ; en d'incessantes querelles
Il se consume, et la délicate fleur de sa paix
Ne prospère qu'éphémère.

N'est-il pas cependant de tous les vivants la créature
Bénie par excellence ? Mais le destin, qui lisse toute chose,
De manière plus éreintante et plus profonde capture
Fermement l'irascible sein des forts.

Hölderlin
(*L'Homme*)

*

Le devenir aboutit à la sphère de l'être-là (*Dasein*), c'est-à-dire de l'étant déterminé : l'être n'est jamais là en tant que tel, il n'est pas l'être tout court, mais l'être nanti d'une négation, d'une détermination, autrement dit l'être-là (*hic et nunc*). Toute détermination est négation; par conséquent, l'être-là est « ceci » parce qu'il n'est pas autre chose; il relève du fini. Il n'est être-là que parce qu'il est en même temps être-pour-de-l'autre (*Sein-für-Anderes*). Par sa *borne* il est ce qu'il est : sa borne dessine ses contours et définit la figure de sa détermination; cependant, par sa *limite* il est en relation avec l'altérité qui l'entoure et qu'il n'est pas, il est en relation avec ce qu'il n'est pas et avec ce qu'il contredit pour pouvoir affirmer sa positivité en niant la négation des autres déterminations. Il est ainsi « pour de l'autre » et, par la vertu des liens propres à cette relation dialectique, devient cet autre à mesure qu'il se rapproche de lui-même : plus il se crispe sur soi plus il s'oppose à l'altérité, et à mesure qu'il veut être l'autre de l'autre il intériorise à tel point cette extériorité par laquelle l'opposition à l'altérité lui donne sa propre position, que sa passion identitaire abstraite achève de le voir envahi par le règne de l'autre dont il obtient sa détermination. Il est dé-fini par ce qu'il exclut et par ce qui l'exclut. Le fini est ainsi ce qu'il n'est pas et n'est pas ce qu'il est; en cela, pris par cette inquiétude onto-*logique* et structurelle, il devient. Dans la relation constante avec l'autre, et d'autant plus qu'il voudrait le nier, il est habité par le jeu dialectique du devenir et de la détermination.

Le fini « tout en succombant ne succombe pas; il ne devient qu'un autre fini qui, à son tour, ne succombe que pour passer dans un autre fini, et ainsi de suite à l'infini. » Il y a donc derrière l'immédiateté du fini, une mobilité infinie qui assure la suppression et la conservation simultanées du fini au sein d'une in-finité. L'infinité ne surgit pas de la suppression du fini en général, mais c'est le propre du fini de devenir l'infini comme devenir. Car le fini porte en lui-même sa propre infinité – la mobilité du Tout dont penser la vie est la tâche que s'est assignée la philosophie hégélienne. Le fini, comme relation d'unité attracto-répulsive à l'altérité, porte en soi la contradiction d'être ce qu'il n'est pas et de n'être pas ce qu'il est : il est un *quelque-chose* par référence à l'autre qu'il n'est pas et par rapport auquel il fait retour à soi-même. L'on ne sort de cette contradiction que lorsque l'on constate sa nécessité dans l'être même du fini, dans sa texture ontologique. Aux yeux de Hegel, il est absurde de croire que l'infini vient toujours après le fini. Par exemple, dans la suite des entiers naturels qui va de 1 à N, si N tend vers l'infini, l'infini n'est pas présent seulement au-delà de la suite des entiers, il n'y a pas d'un côté 1, 2, etc., et de l'autre l'infini ; mais l'infini est cette suite des entiers elle-même qui se prolonge effectivement sans cesse. L'infini est présent depuis le premier de ces entiers naturels, et il n'y a pas de sens à concevoir l'infini en dehors de cette chaîne et de cette totalité : que celle-ci soit close ou en expansion, elle est constamment en mobilité, elle est un mouvement, une unité complexe mais identique à soi dans la diversité. Concevoir l'infini comme à l'extérieur de ce qui le constitue, et non comme une globalité même indéfinie présente en chaque partie comme dans le tout, ce serait d'une part limiter l'infini en rejetant hors de lui quelque chose (ce qui au point de vue des appréciations hégéliennes concernant l'infini, toujours exprimées en poids, apparaît absurde par définition), d'autre part considérer l'infini comme un nombre fini, un nombre qui est après tous les autres et qui est toujours reculé mais qui est tout de même de l'ordre de la partie et non du tout. Le véritable infini n'est autre que l'incessant mouvement du fini au-delà de lui-même, l'inquiétude absolue du fini de ne pas être ce qu'il est, et on voit par là que le fini est tout autant immanence que mouvement de transcendement. Le fini hégélien est simultanément immanence de l'au-delà et transcendance de l'ici-bas, soit indéfini mouvement de transcendement : c'est la formule parfaite pour le projet d'établissement d'une immanence globale.

*

Tu m'as reçu en ami, en hôte, toi l'orgueilleux,
Tu égayas le regard de l'étranger
Et tu m'appris l'art de ces chants qui s'écoulent imperturbablement
Et de la vie qui se meut sans bavardage.

Hölderlin
(*Le Mein*)

*

L'infinité est la catégorie la plus importante de l'être; elle est cette négativité qui sous-tend la mobilité même de l'être. Elle est la totalité consciente de soi autrement dit ce que Hegel nomme *l'être-pour-soi*.

L'être-pour-soi est l'infinité qui se reclôt sur elle-même en une totalité achevée, et se comprend en l'unité de son mouvement. L'être-pour-soi est l'Un dont la différenciation interne fait procéder tous les êtres finis. Dans l'être-pour-soi, l'être reprend la diversité en soi, il s'approprie la pluralité au sein de la mobilité d'une unité sans problèmes.

L'essence est le pur substrat de l'inquiétude de l'être dès lors qu'au terme de la première partie de la *Logique* hégélienne, l'être a intériorisé cette inquiétude au point de la transformer en une base, en un repos paradoxal.

L'essence est le jaillissement qui fait être l'être, par lequel l'être est toujours jeté en avant de soi et fait effort en direction de la vérité d'où il provient, ainsi toujours en devenir afin d'honorer de la tentative incessante d'une réalisation une origine qui peut s'y réfléchir. L'essence est la négativité *pour soi*. Mallarmé dirait qu'elle est un suspens vibratoire.

« L'essence est l'être qui est allé dans lui-même, c'est-à-dire que sa relation simple à soi-même est cette relation, posée comme la négation du négatif, comme médiation de soi en soi avec soi-même », écrit Hegel au § 112 de l'*Encyclopédie* de 1830, mais dans l'édition de 1827, à la place de « comme médiation de soi en soi avec soi-même », il avait écrit « *seulement* comme absolue négativité ». Détail dont nul ne fait état et qui permet de relever ce qui n'est nullement un détail : l'essence est ainsi susceptible de tomber dans l'abstraction, d'être *seulement* absolue négativité, d'être une médiation de soi en soi avec soi-même, ce qui n'est pas autre chose qu'un mouvement sans accidents, une unité dont rien ne trouble la fluidité, qui ne va nulle part à l'extérieur de soi, qui ne va donc nulle part, qui est par conséquent condamné à une proche immobilité – la hantise de Hegel. La *Phénoménologie de l'esprit* dit déjà de l'essence du Sujet *prise abstraitement* : « La force qu'il a de mouvoir, prise abstraitement, est l'*être-pour-soi* ou la négativité pure. » Que ce soit sur le plan logique ou sur le plan phénoménologique, Hegel établit la possibilité d'un lien entre l'abstraction et le mouvement même : il y a une inadéquate façon de se rapporter à la négativité ou un inadéquat regard porté sur le déploiement de l'unité absolue dans son être-pour-soi. Car, en se repliant sur soi, en étant pour-soi, l'identité meuble de l'essence risque de s'étouffer au sein de sa négativité : si elle ne redéploie pas celle-ci, elle ne l'emploie pas et la fige, elle l'annule ; la vie de l'être s'immobilise alors, et malgré la théorique mobilité de sa base.

*

Il est mort le jeune monde
Qui m'a élevé et nourri.
Ce cœur naguère plein de Ciel
Est mort et sec comme le chaume.
Hélas! si le printemps refit à mes peines
Son doux chant consolateur,
Ma vie sans matin est pourtant loin de l'aube.
Le renouveau de mon cœur est flétri,
C'est à quelque disette qu'il donnera sa tendresse
Et conférera le sceau de l'éternité.

Hölderlin
(*À la Nature*)

*

Si l'être demeure seulement dans le pour-soi de sa mobilité conquise, il paralyse du même coup sa dynamique; si l'essence demeure en soi, la dialectique, qui pour Hegel est expression de la vie du contenu, se fige. Il est important de noter que « pour soi », *für sich* en allemand, signifie aussi « à part soi », et constitue un terme de théâtre désignant précisément le moment où sur la scène l'acteur fait un aparté : cet aparté, c'est ce qu'opère l'essence au début de la deuxième partie de la *Logique*, car tout en restant sur scène elle menace de s'abstraire. Ainsi l'essence, qui n'est autre que « la pure égalité à soi-même du pour soi », est-elle sans cesse guettée par un double danger: un raidissement sur sa propre identité ou bien au contraire une perte dans la multiplicité des étants. Tout le processus à l'œuvre dans la *Doctrine de l'Essence* dépend du comportement de son identité.

Le statut de l'essence est problématique: l'essence n'a rien d'une banale identité abstraite, puisqu'elle est née du mouvement de l'être et possède en elle la négativité; pourtant elle va *devenir* une identité abstraite. L'essence est bien « la négativité simple de l'être en soi », mais cette négativité se noie en elle-même; elle veut rester auprès de soi en supprimant et dépassant les divers moments de l'être, en les absorbant. C'est le statut même de l'*Aufhebung* qui est ici en jeu : n'est retenu de celle-ci que l'aspect de suppression; il n'y a qu'une très mince conservation qui joue seulement le rôle d'un faire-valoir de l'essence et qui tend toujours à disparaître au profit du dépassement intégral de la différence. L'essence prend appui sur l'être pour rentrer en soi-même par-delà cet être, qui devient dès lors un inessentiel, une simple apparence. L'être défini comme *apparence*, c'est là un symptôme de la (trop fluide) *transparence* de l'essence de à soi-même qui, devenue ronde unité plurielle, parfaite totalité approbative, ne rencontre plus d'altérité... L'identité de l'essence qui est avant tout parvenue à soi comme une négativité, perd le souvenir de son histoire et se dégrade en identité simpliste. Au sortir de la *Doctrine de l'être* apparaissait l'unité mobile de l'étant, mais une mobilité peut-elle être acquise définitivement ? Si la négativité est trop assurée d'elle-même, son mouvement est alors trop lisse et il n'a finalement plus rien à mouvoir ; il s'étouffe en lui-même.

Aussi une unité de mobilité ne saurait-elle se reposer dans une quelconque position de confort : elle n'est dans son être que si elle se fait agissante. L'identité de l'essence est une unité spéculative qui *sombre* après-coup dans l'identité abstraite.

*

Le soleil sombre.
Astre, où es-tu ? Mon âme s'enténèbre ivre
De toute ta félicité. Car voici
Qu'au moment où j'écoutais les grâces
De ce soleil juvénile et tout abondant de notes d'or
Jouer sur la lyre du ciel le chant de son crépuscule,
Les bois et les collines sonnèrent partout du reliquat de son écho.
Et il partit loin de nous, vers la piété
Des peuples qui l'honorent encore.

Hölderlin
(*Coucher de soleil*)

*

Très-célèbre autant qu'intraduisible notion de l'hégélianisme, l'*Aufhebung* est l'acte qui résume tout le pouvoir paradoxal de la totalité dialectique, l'acte qui à la fois *conserve et abolit* l'antinomie des termes mis en présence. C'est la caractéristique fondamentale de cette unité spéculative qui reconnaît la différence comme nécessaire, le différend comme moteur et les différents comme apparentés. Hegel se réjouit ouvertement de l'esprit spéculatif de ce mot qu'aucune langue ne peut traduire et qui va au-delà de la simple alternative que propose le dualisme propre à la « pensée d'entendement ». De même qu'en son équivalent latin que l'on trouve au verbe *tollere*, *aufheben* signifie bel et bien la *simultanéité* des actes de suppression et de conservation, et non une alternance des contraires : il n'y a pas soit l'une soit l'autre signification, mais les deux dans *au même* moment, ce qui fait toute la complexité et toute la richesse de cette expression si propre à satisfaire un certain tour d'esprit que désire se donner la pensée hégélienne.

Il est donc impossible de traduire *Aufhebung* en ne faisant ressortir que l'un des aspects au détriment de l'autre car il faut penser ici la subtilité de ce singulier régime de simultanéité qui unit en un même acte deux guises strictement antagoniques. L'on ne saurait privilégier le côté suppressif là où l'*Aufhebung* est justement le déploiement de sa pleine expression qui, dans la conscience même et la formulation de cette expression, dépasse l'opposition en découvrant le moyen dialectique capable de poser son harmonique conservation. La traduction la moins incorrecte est peut-être celle de « sursomption », qui signifie « prendre et aller plus loin », c'est-à-dire résoudre et poursuivre le chemin suivi par la vie du contenu. On pourrait également traduire, plus lointainement, par « la relève », notion possédant le non négligeable avantage de mettre en relief le changement de point de vue qui, à partir du jeu des termes contraires, s'opère dans la formation du nouveau concept à la lumière duquel ce jeu, dont il émerge, sera désormais lu, pensé, renouvelé – relevé. L'*Aufhebung* est alors l'avènement d'un nouveau point de lecture qui (comme un vigile prend la relève de son prédécesseur) assure la relève de l'ancien à l'aune duquel la précédente dialectique avait eu lieu. Il y a enfin une dernière traduction qui n'est pas sans beauté : *assomption* ou *assumer* : elle signifie que l'on prend sur soi la déchirante tension de ce très-teutonique Absolu afin de faire être en un même site la dualité dont cet acte de reconnaissance n'amoindrit en rien l'intensité au moment même où elle en est l'apaisante consécration.

Reste que la meilleure traduction d'*Aufhebung* est *Aufhebung* une fois que le terme est, comme à l'instant, tout parfaitement expliqué.

*

L'Esprit. – *Dans le flux de la vie, dans l'orage de l'action,*
Je bouillonne çà et là,
J'oscille d'un côté et d'autre !
Naissance et tombeau,
Une eau perpétuelle,
Un tissu changeant,
Une vie ardente,
Ainsi, j'œuvre au bourdonnant et tisserand métier du temps,
Et confectionne ce vêtement vivant qu'est la divinité.

Goethe
(*Faust I*)

*

L'essence est identité sous une double postulation : elle ne peut pas être sans la différence, et cependant voudrait être sans elle... Hegel parle de cette forme d'identité d'une part comme acte de se détourner de soi, et donc de se tourner vers l'autre afin de poser et reconnaître la différence, mais d'autre part et tout aussi bien comme d'une identité issue de la différence qu'elle a assumée, posée donc par la différence qui est elle-même alors au cœur de cette identité une présence préalable, une présupposition. L'essence est engendrée par le mouvement de l'être, elle est donc présupposée par lui, mais elle se présente également comme l'acte qui veut poser l'être... Cette aporie du rapport entre position et présupposition au sein de l'essence est le problème fondamental de l'essence, mais c'est aussi son moteur. Et c'est dans la résolution de cette question, où est engagée la force rythmique de la totalité, que l'on peut entendre résonner la percussivité de l'art hégélien.

À ce stade du déploiement de l'Absolu, l'identité du Sujet absolu ne va pas d'elle-même spontanément vers la différence. L'identité et la différence se présupposent l'une et l'autre mais l'identité ne pose pas la différence comme sienne. Chaque terme de l'opposition est en lui-même inerte et fait face à l'autre. Si l'identité ne peut évacuer le rapport à la différence, c'est parce que son histoire la contient, c'est parce qu'avant de se comprendre comme essence l'Absolu a traversé plusieurs développements au cours desquels il a dû intégrer de mainte façon la différence et c'est uniquement parce que désormais l'unité obtenue ne saurait oublier cette différence qui la tisse tout autant que l'être relationnel où se joue la cohésion générale de cette totalité vivante. Identité et différence se font face comme dans la pleine transparence d'un miroir : c'est sa propre clôture que l'identité projette, et c'est la propre forme des substances non reliées de la dispersion que le divers envoie. Un objet reflété en un miroir se voit paraître en un autre qui n'est autre que lui-même. Chacun est refermé sur soi dans sa subsistance par soi. Lors la différence n'ouvre pas de mise en relation mais se perd en diversité dispersée. De même que l'être-pour-soi est l'un qui se différencie en plusieurs unités puis se perd dans le multiple, de même l'identité de l'essence se veut tant en unité avec la différence et selon une unité tant immédiate que chaque différent devient l'identité à soi immédiate d'un étant singulier subsistant par soi. Toute la rythmique hégélienne est là : l'identité se perd dans le divers justement parce qu'elle obéit à ce qu'elle est en son fond ou à ce qu'elle devient en creusant le souvenir de son fond : abstraite. Le but est pour Hegel de montrer comment l'Absolu parvient à un point où son essence se retrouve intégralement dans ce qu'elle pose, opérant un retour à soi dans le temps même de sa perte de soi.

Cette identité entre l'intérieur et l'extérieur advient lorsque l'Absolu prend conscience de soi comme Effectivité (*Wirklichkeit*).

*

« Pourquoi un souffle si bref? N'aimes-tu donc plus le chant
Comme jadis? Pourtant le jeune homme que tu étais
Aux jours de l'espérance, lorsqu'il chantait,
Ne voulait jamais s'arrêter! »

Tel mon bonheur, tel mon chant. Voudrais-tu nager heureux
Dans le soir rouge? Il s'est enfui! Et la terre est froide,
Et l'oiseau de la nuit seul désormais siffle,
Inquiétant, devant toi.

Hölderlin
(*La Brièveté*)

*

L'Essence n'est pas encore le Concept. En elle, chaque détermination indique le vis-à-vis des autres déterminations, mais elle l'indique précisément comme déterminations *autres*; les déterminations de l'Essence sont donc en elles-mêmes *relatives*, elles se reflètent les unes dans les autres, mais, dans les *autres*, ne *se* comprennent pas comme se trouvant en elles-mêmes. L'être n'est d'abord qu'un simple miroitement de l'essence, puis il devient son phénomène, son apparition (*Erscheinung*): à chaque fois l'étant singulier peut être compris comme la révélation imparfaite d'une essence qui ne se compromettrait jamais entièrement avec la réalité. Dans le phénomène, l'essence s'extériorise bien dans l'existence, mais tant que quelque chose s'extériorise, il demeure en lui quelque chose qui ne s'est pas encore totalement extériorisé. Et en effet, l'essence s'extériorise, mais elle n'extériorise que son côté positif; elle n'extériorise pas ce qui lui permet de s'extérioriser, sa négativité. Dans l'apparition ou phénomène, l'essence n'extériorise pas son extériorisation, elle pose ainsi un existant qu'elle croit identique à elle alors qu'il ne lui est qu'à moitié identique. C'est pourquoi elle pose un existant inerte et sans négativité, un immédiat qu'elle finit par perdre puisqu'elle ne comprend pas cette perte comme l'expression de sa propre négativité. Dans la détermination que Hegel nomme le « phénomène » (*Erscheinung*), l'essence paraît; dans l'effectivité (*Wirklichkeit*), l'essence paraît comme acte de paraître. Dans l'effectivité, tout est donc extériorisé, même la négativité qui restait inconsciente dans l'*Erscheinung*. L'identité de l'intérieur et de l'extérieur est alors adéquate.

Qu'est-ce à dire? Comment comprendre un objet dans le monde hégélien? Comment y comprendre par exemple un arbre au regard de l'unité de l'effectivité? Ce n'est plus considérer ses éléments comme l'extériorisation d'un intérieur, d'une essence qui ne serait pas entièrement développée en ses différences. L'essence de l'arbre n'est pas autre chose que la façon particulière à l'arbre de déployer ses parties. L'essence n'est que là où elle existe, et il n'est possible de parler d'« arbre en soi » qu'à partir du moment où un arbre achevé, accompli, qui est allé jusqu'au bout de sa nature, a effectivement existé. En développant ses branches, son feuillage, c'est-à-dire en s'extériorisant, l'arbre travaille à la définition de l'arbre, il se fait « arbre », il s'intériorise donc. Le spirituel est tout autant spirituel, sa consistance reste spirituelle, mais elle se réalise pleinement, à fleur de derme réel. Il n'y a plus de chose en soi cachée qui demeurerait seulement intérieure, mais le bouillonnant espace du dedans se fait espace dynamique au dehors, il se fait réalité en travail, réalité en œuvre – ce que dit le nom *Wirklichkeit* où se trouve enchâssé le mot *Werk*. L'essence d'une chaise, c'est son effectivité; ainsi Hegel écrit-il dans une note de la période d'Iéna : « Quatre pieds de bois, une planche par là-dessus, c'est le comment d'une chaise, c'est-à-dire justement la chaise ». Contrairement à ce que depuis toujours à propos de Hegel l'on croit pouvoir opiniâtrement opiner, c'est dans le mouvement de la *Wirklichkeit*, et dans son regard seulement, qu'il y a un sens à entendre que « le rationnel est réel (*wirklich*) et le réel rationnel » – dans le paradoxe de simultanéité propre à ce mouvement d'inter-extériorisation et d'exter-intériorisation. Là l'unité spéculative montre un visage adéquat.

*

La loi de l'unitotalité ne détruit pas la délicatesse de chaque vie,
Ni le cœur audacieux, ni la diversité de la joie,
À chacun est donnée la mesure d'aimer;
Chacun exerce un doux devoir d'amour.
Fière et bonne en sa marche imperturbable,
Une puissance titanique parcourt sa vaste carrière.

Assurément guidée par l'impulsion amoureuse pour sa propre essence
Chaque finitude se trouve un refuge au sein de la grandeur du monde.

Hölderlin
(*Hymne à la liberté*)

*

L'Absolu a le devoir de se montrer et consiste intégralement en cette manifestation, voilà qui est essentiel à la vision hégélienne des choses, mais que l'Absolu se montre dans telle ou telle forme, voilà qui est inessentiel : l'Essence extériorise le divers des formes dont le développement atteste la pulsivité originaire du logos de l'Absolu. Toute la faiblesse de la pensée hégélienne est derrière la force avec laquelle elle sait agencer la totalité : si produire l'inessentiel est essentiel à l'Absolu, c'est parce que c'est en se finitisant que l'Absolu peut se montrer, et parce que ce n'est qu'en se montrant qu'il peut être l'Absolu. Comment un « Absolu » qui est soumis à tant de conditions peut-il porter le nom même dont l'étymologie dit liberté ? Mais ce n'est point ici le propos : il ne s'agit pas de fuir la fugue hégélienne mais d'en exposer l'autolapsaire contrepoint. J'ai dit ailleurs et définitivement sur le cas.

*

Aux temps où des hymnes solennels magnifiaient le renouveau,
Où les torrents de l'enthousiasme
Ruisselaient du haut de la montagne de Minerve,
En hommage à la déesse protectrice ;
Quand, dans la douceur d'heures innombrables emplies par le poème,
La vieillesse s'écoulait comme un divin songe,
C'est alors, mon ami, que j'eusse souhaité te rencontrer,
Tel que mon cœur autrefois t'a trouvé.

Hölderlin
(*La Grèce*)

*

L'identité du Sujet absolu, comme négativité se rapportant à soi, laisse être la différence dans son intensité la plus grande, et pourtant reste identité avec soi. En posant la différence comme son extériorité, elle reste identique à soi sans réduire cette différence, sans ne lui donner qu'un semblant d'autonomie, car elle n'est rien d'autre que le mouvement d'autoextériorisation qui assure *par là même* son identité. Le Soi n'a pas à faire d'effort pour surmonter la différence, non pas parce que la différence serait toujours déjà réduite, mais parce que le Soi est cette différence. La *contradiction* est la réelle teneur de l'identité du Soi. Elle est *Wider-Spruch*, elle se *dit avec et contre* soi-même. Elle est le Concept.

Les principales difficultés rencontrées à la lecture de Hegel proviennent de la méconnaissance de la signification de son terme fondateur : Concept. Car il convient ici de ne plus penser le « concept » comme une représentation mentale, comme le résultat noétique d'un processus d'appauvrissement de la réalité sensible ou comme un résidu formel obtenu par généralisation successive. Le Concept est d'abord à entendre en son sens littéral : ce qui prend ensemble (le latin *cumcapere*, l'allemand *Begriff* – issu du verbe *begreifen* : saisir). Le Concept est donc ce qui est concret, c'est-à-dire une communauté (*cum*) et un mobile advenir (*crescere*). Le Concept, c'est par conséquent chez Hegel la totalité vivante et spéculative. Le Concept n'est pas une modalité de la pensée humaine, mais l'acte ontologique de l'être comme action de penser, un acte ontologique dont la pensée humaine est un moment, un moyen et un instrument. Le Concept est identité devenue de l'être et de l'essence, soit la totalité constituée par le jaillir qu'est l'essence et le jailli qu'est l'être dans sa multiplicité. Regarder le Concept sous l'une de ses guises singulières, le concept du chien, par exemple, c'est regarder l'essence une du chien, essence qui jaillit et prolifère dans la multiplicité des divers chiens particuliers dont la structure ontologique intime ontologique fait en chacun structurellement effort vers leur essence afin que chacun devienne ce qu'il est en son fondement. Ce double mouvement simultané de l'essence en réalisation de soi vers le dehors et de l'être en accomplissement de soi vers le dedans, c'est le Concept. Le Concept est l'universel s'auto-différenciant dans les particuliers qui, afin d'être déterminés et de ne pas sombrer dans l'indéfini, se retournent vers le terme qui les pose, devenant dès lors le singulier – soit l'unité de l'universel et du particulier. Le particulier est alors la réflexion de soi de l'universel dans un autre qui est son autre. L'Universel engendre le Particulier, le Particulier manifeste, révèle et réengendre l'Universel ; cette réciprocité processuelle est l'œuvre du Singulier dont le mouvement est un souffle dynamique, l'Esprit, qui a pour forme absolue la vivante et dialectique unitotalité du Concept. L'on peut s'imaginer la processualité du Concept au sein de la métaphore de l'aimant droit parfois évoquée par Hegel ; mais, afin de mettre en évidence la simultanéité de la contraction et de l'expansion, de l'attraction et de la répulsion, d'autres métaphores sont possibles : un foyer lumineux, un rayonnement nucléaire, la virtualité de jeu d'un élastique.

Lorsque l'Absolu se sait comme tel, quand il s'est posé comme tel, alors il est le Concept. Il est pour soi ce qu'il est en soi, il a posé la négativité qu'il porte implicitement en soi, et se sait comme l'unité devenue de l'implicite (en soi) et de l'explicite (pour soi), comme la totalité consciente de soi (en et pour soi). Le mouvement du concept est le développement de soi dans l'autre, et succède aux dispersants jeux de reflets de la *Doctrine de l'Essence*. Le Concept n'est autre que la contradiction consciente de soi comme identité. La sphère du Concept commence par l'Identité absolue qui se scinde pour se poser hors de soi, pour se déterminer, et cette ouverture est celle du Sujet absolu qui laisse s'ébattre ce qu'il contient et qu'il reconnaît tout uniment comme son cœur et son processus.

*

Apaisé parce qu'il se cache : mon cœur. Mes fortes pensées cherchent silence.
Aux mille branchages des bois, qui sont telle une chandelle ardente,
Je vois briller les flammèches de la vie comme des fleurs érubescentes.
Près de la source ensoleillée où s'émeuvent les poissons assouvis,
Près du nid que l'hirondelle et ses oisillons insensés entourent de leur vol,
Là où les papillons, là où les abeilles s'enchantent,
Je passe, mêlé à leur jouissance. Au sein de cet espace serein,
Je suis pareil à l'ormeau aimant qu'enlacent
Comme des vignes et des grappes les doux jeux de la vie.

Hölderlin
(*Le Loisir*)

*

Le Sujet absolu exprime son déploiement comme syllogisme. Le syllogisme n'a rien à voir ici avec les règles et les exemples édictés par la logique aristotélicienne, car le syllogisme hégélien n'est pas un ensemble de propositions émises par un individu, il est la dynamique propre au mouvement de l'Absolu. L'Absolu est ici syllogisme, c'est-à-dire médiation avec soi-même du devenir autre à soi. Le syllogisme est la notion fondamentale de la Logique hégélienne : la processualité de l'Absolu n'atteint sa plénitude que lorsqu'elle s'exprime de manière syllogistique. Ce n'est plus une opération subjective ou représentative issue de la pratique d'une logique formelle, mais l'activité *onto-logique* de l'Esprit absolu qui se scinde et se retrouve proprement chez lui au cœur même de cette scission. Le jugement (*Ur-teil*) est la différenciation du Concept, et le syllogisme est la procédure qui articule ces différences dans une totalité vivante. Le syllogisme est chez Hegel la réunion d'éléments qui, en dépit de leurs oppositions, comprennent qu'ils sont déjà reliés entre eux depuis le commencement : en ce sens se déroule ce que dit le mot grec *sullogè*.

Cette identité syllogistique inhérente au Concept est pour Hegel méconnue par les manières traditionnelles de penser. À leurs yeux, la raison est bien *d'une part* la faculté d'intuitionner le suprasensible, et *d'autre part* la faculté de raisonner (soit de reconnaître des liens de nécessité), mais elle n'est jamais les deux en même temps : l'entendement sépare ces deux moments. Si bien que chaque concept demeure refermé sur lui-même, et se trouve exposé au risque de la critique de son abstraction ou à celui de la mise en cause de sa teneur spirituelle. Hegel veut dépasser ce point de vue : il saisit *dans le même acte* la faculté capable du suprasensible et la faculté de raisonner; l'Absolu est inséparable de son auto-développement; le suprasensible contient en soi la possibilité de s'ouvrir et de s'emplir; le Concept est en lui-même syllogisme. La Subjectivité absolue, en tant que dialectique, brise ses frontières grâce au syllogisme pour accéder à l'objectivité, d'où le Concept se fait ressortir comme Idée. L'Idée, autre terme fondateur pour l'hégélianisme, n'a rien de réductible à une quelconque représentation mentale, mais elle est l'Infini se finitisant.

De même que le Savoir absolu auquel accédait la conscience phénoménologique ouvrait et posait finalement le commencement même dont était partie cette conscience, de même que ce Savoir absolu avait pour résultat de montrer à la conscience le monde comme son *Heimat*, son chez-soi, sa patrie, de même que le Savoir absolu appelait la conscience à habiter de nouveau une immédiateté désormais lourde de tout ce qui en elle y avait amassé la rationalité de sa récapitulation, de même le geste de l'Idée anticipe et manifeste la logique générale de l'Esprit absolu dont la dynamique terminale consiste à refermer le cercle de la totalité en posant le commencement comme sa fin. Apparaît ainsi une fin qui est le commencement, « l'être », l'immédiateté mais lourde cette fois du processus entier qui a vu surgir l'évolution du rapport à la nature, l'histoire du monde et l'approfondissement des savoirs.

*

Soleil de ma patrie, tu empourpres mes cheminements, ta lumière
Me réchauffe et comme toujours réjouit mes yeux.
Le feu, je le bois, et l'Esprit, qui débordent de ton joyeux calice,
Tu ne laisses pas se reposer ma tête vieillissante.
Ô toi qui jadis éveillas mon cœur du sommeil de l'enfance
Et dont la douce force m'entraîna plus haut et plus loin,
Soleil clément ! je te reviens plus déterminé et mieux avisé
À m'apaiser en trouvant à me contenter parmi les fleurs.

Hölderlin
(*Le Voyageur*)

*

L'Idée, qui est née de l'effectivité elle-même, ne saurait être pensée à ce stade comme séparée de l'effectivité. Elle n'émerge qu'à la fin de la *Science de la Logique*, et elle ne se présente comme vérité que parce qu'elle advient comme résultat, comme récapitulation. L'Idée est le Concept dans sa vérité : elle est l'unité en advenir du concept et de l'objet. Ainsi, comme le dit Hegel, « l'Idée n'est pas une image muette sur une tablette, mais bien plutôt l'inquiétude infinie ». De la sorte, « l'*identité* à soi-même de l'Idée ne fait qu'un avec le *processus*; la pensée, qui libère l'effectivité de l'apparence de mutabilité dépourvue de fin et la transfigure en l'*Idée*, ne doit pas représenter cette vérité de l'effectivité comme un repos mort, comme une simple *image*, fixe et faible, sans tendance ni mouvement, comme un évanescent caractère de fable, un nombre ou quelque autre pensée abstraite; l'Idée, en raison de la liberté que le Concept atteint en elle, porte en soi l'*opposition la plus dure*; son repos consiste dans la sécurité et certitude avec lesquelles elle engendre éternellement cette opposition et éternellement la surmonte, coïncidant en elle avec soi-même ».

De ce double mouvement de l'Idée absolue, qui se différencie dans l'objet tout en dépassant en elle-même cette différenciation, Hegel dit qu'il n'est pas temporel, ni divisé ou différencié en quelque façon que ce soit. Justement parce qu'elle ne vit que comme processus, l'Idée est elle-même sans processus : elle n'est pas entraînée dans le processus puisqu'elle est le processus. Aussi doit-elle encore et indéfiniment se différencier pour accomplir son être et libérer continuellement la différence qu'elle contient : se confondant ontologiquement avec l'acharnement à se remplir, celui-ci lui est tout autant immobilité, stabilité, repos dans la constance au maintien de l'inquiétude. Là s'opère le définitif tournant historique où, dans le discours ontologique et la quête fondamentale, l'*hustéron* – soit l'élément principiellement régressif – acquiert son titre génitif afin d'être promu au rang de dernier mot que les satisfactions humaines veulent faire porter à un « Absolu » qu'il s'agit de concevoir selon les flux d'objet, selon les modèles vitalistes ou diffusistes, mais jamais en l'indépendance de Sa Transcendance ni en intacte et souveraine plénitude de liberté.

C'est pourquoi l'Idée absolue hégélienne « laisse aller *hors d'elle-même* comme son reflet le moment de sa propre particularité c'est-à-dire de la première détermination ou altérité ». Ainsi s'achève la Logique hégélienne telle que l'*Encyclopédie* l'expose, par le moment de cette *Entlassung* par laquelle l'Idée laisse aller ce qu'elle retient, ce dont elle est pleine, et qui sera la première détermination de la sphère suivante – soit ici l'*Idée pour soi immédiate*, c'est-à-dire la *Nature*. Portant en elle la différence, l'Idée absolue naturellement la relâche pour la poser.

IV. *Strette – L'Idée absolue*

L'unité retrouvée dans le moment spéculatif se scinde toujours et de nouveau : il lui s'agit d'accomplir là son être. La dégénérescence du spéculatif lui est inhérente : cette dégradation est nécessaire à la vie du contenu. L'Essence ne comprend pas sa chute comme un aboutissement dialectique mais le Concept n'est rien d'autre que la pleine conscience de la nécessité d'une sclérose de l'identité totale se figeant en identité abstraite afin de pouvoir à nouveau provoquer la génération de la contradiction propre à la vie telle qu'en conçoivent la figure les schémas immanentistes à l'œuvre chez Hegel. L'Absolu se retrouve dans le moment où il se perd, attestant ici qu'il est ouverture pour un potentiel remplissement de soi par l'altérité, et attestant du même coup qu'il est lui-même, en tant que tel, une vacuité en dépendance plutôt qu'un Absolu en souveraineté.

Le geste de raidissement sur soi est une part inhérente à la dynamique de l'Absolu ; « c'est seulement parce que le concret se scinde qu'il est ce qui se meut. L'activité de la scission est la force et le travail de l'*entendement*, de la puissance la plus étonnante et la plus grande, ou, bien plutôt, de la puissance absolue ». La résurgence du thétique est, par là même, résurgence de la contradiction. Lorsque le spéculatif se fige, l'on peut y voir une erreur, certes, mais c'est une erreur nécessaire puisque c'est cette rechute qui permet à l'Absolu hégélien de se reconquérir. Loin d'être son immobilisation, elle est l'occasion du maintien de son animation : cet Absolu est un mouvement de totalisation qui ne cesse jamais, sa scission étant toujours ainsi renouvelée.

*

Aux portes de l'Orcus j'ai chanté la joie,
J'ai enseigné l'ivresse aux ombres,
Car, favorisé entre mille,
Et de même qu'après la nuit intraitable le pilote
Observe l'océan qui s'empourpre,
J'ai vu à l'œuvre la divinité.

Hölderlin
(*Hymne à la liberté*)

*

Ce qui ne laisse jamais de surprendre dans la succession des cercles logiques hégéliens, c'est le passage d'une sphère qui semble parfaite en elle-même, à une autre qui commence par l'abstraction la plus vide. On ne comprend pas tout d'abord pourquoi l'unité spéculative atteinte à la fin d'une sphère et dont Hegel a chanté les louanges, peut générer une suite. À quoi bon cette suite? Le lecteur de Hegel aimerait pouvoir reprendre son souffle, parvenir quelque part, partir du bas pour s'élever vers le haut et une fois arrivé au sommet s'asseoir afin de regarder le chemin parcouru. Mais dans ce système, il n'y a jamais vraiment d'étapes de refuge : jamais le mouvement ne s'arrête.

Qu'à cela ne tienne, un lecteur pourra comprendre cette inquiétude permanente, mais alors il ne comprendra pas pourquoi une détermination dont Hegel affirmait quelques lignes plus haut la noblesse spéculative, devient peu après la pire des abstractions qu'il faut à nouveau surmonter. Toutefois, ces difficultés ne sont rien d'autre que la contrepartie de la singularité cachée inhérente à l'inhabituelle processualité propre au logos hégélien. Le lecteur qui entre dans l'œuvre hégélien devient aisément victime d'une trop grande familiarité de confiance accordée aux paragraphes 80, 81 et 82 de l'*Encyclopédie*, c'est-à-dire de tout schéma d'explication extérieur de la fameuse « triade » dialectique, auquel s'agrippe comme en un réflexe de panique tout nouveau pèlerin de l'hégélianisme, et sur la base de quoi il tente de comprendre les allées et venues de ce système oscilloscopique. Le schéma dialectique ne peut cependant pas être compris en sa nécessité au début, où il n'est saisi que de manière forcément abstraite, il est compris seulement à la fin et comme un universel concret; et le problème demeure que chacun des nouveaux lecteurs essaye de s'accrocher, comme par réflexe herméneutique, à quelque chose de fixe et de bien connu, autrement dit aux quelques branchages dont il lui est possible de disposer pour ne pas errer complètement dans les méandres de ce fleuve agité.

En réalité, les paragraphes 80, 81 et 82 de l'*Encyclopédie*, placés pourtant par Hegel lui-même dans le cadre d'une lecture préliminaire détachée de « la Science », ne peuvent être appréciés dans toutes leurs nuances et surtout dans toute leur densité par un lecteur qui ne serait pas allé jusqu'au bout du déploiement du contenu ; et sur ce point de méthode Hegel est parfaitement clair. Le regard sur le mouvement du Concept change intégralement d'une situation à l'autre. Et ce regard nous révèle en fin de parcours l'aspect essentiel d'un moment de scission, de laisser-être (*Entlassung*), succédant directement au moment spéculatif. « Chacune des parties de la Philosophie est un Tout philosophique, un cercle se fermant en lui-même, mais l'Idée philosophique y est dans une déterminité c'est-à-dire dans un élément particulier. Le cercle singulier, parce qu'il est en lui-même totalité, rompt aussi la borne de son élément et fonde une sphère ultérieure ; le Tout se présente par suite comme un cercle de cercles, dont chacun est un moment nécessaire, de telle sorte que le système de leurs éléments propres constitue l'Idée tout entière, qui apparaît donc aussi bien dans chaque élément singulier ».

Aussi Hegel ne s'intéresse-t-il pas seulement à la perfection de chaque sphère en elle-même, mais à la raison de leur enchaînement. Tout dépend en fait de la définition du moment spéculatif. Au paragraphe 82, ce moment est exposé en trois lignes, ce qui est trop peu et surtout trop dense pour que l'on puisse lire d'emblée la *nécessité* pour l'Idée absolue de laisser aller hors de soi l'altérité dont elle tient la charge en soi et en sa propre histoire. Mais avec la *Doctrine du Concept* qui inaugure la conscience de soi de l'auto-développement et de l'auto-particularisation de l'universel, un autre style dialectique s'instaure : on ne part plus de l'immédiat pour s'élever au spéculatif, mais c'est le spéculatif qui choisit de laisser paraître l'altérité brute de ce qu'il récapitule, de se perdre, et l'on ne va plus de la différence à l'identité, mais de l'identité spéculative à la différence nécessaire. C'est là en fait, après l'acquisition de la Raison et de la Subjectivité absolue à la fin de l'*Essence*, le retour de la nécessité de l'entendement. Il s'agit de penser *en un même temps* la Raison et l'entendement dans le Concept.

*

Que dors-tu donc, enfant des montagnes, gisant là insatisfait et désabusé,
Que gèles-tu sur la rive glacée ainsi souffrant !

As-tu oublié cette grâce, Ganymède, lorsque c'était le temps
Des dieux qui, à leurs tables, de toi se montraient altérés ?

N'entends-tu pas désormais, en bas, les messagers du divin ?
Dans la fissure de la fosse, n'entends-tu pas mieux ce sens au son de ces souffles ?
La parole ne t'atteint-elle pas qu'empli de l'aïeul Esprit
T'adresse un sage revêtu de multiples voyages ?

Hölderlin
(*Ganymède*)

*

Une fois que se trouve mise en valeur l'auto-particularisation du Concept, il est possible de relire plus profondément ce qui est en jeu au sein des trois importants paragraphes de l'*Encyclopédie* (les paragraphes 80, 81 et 82) ou encore la structure dialectique à quatre temps telle qu'elle est présentée à la fin de la *Doctrine du Concept* de 1816. Dès lors que l'Idée absolue est connue comme impulsion, il s'agit de regarder le mouvement dialectique non plus à partir de l'unité immédiate comme commencement mais de cette unité comme résultat.

L'accomplissement de la vie processuelle de l'Idée est le moment de l'*Entlassen* par lequel l'Absolu s'extériorise, s'aliène et devient effectivement différent de soi. À l'*Entlassung* (laisser-être) succède l'*Entäusserung* (extériorisation) et l'*Entfremdung* (l'aliénation) : l'identité abstraite d'entendement apparaît ainsi comme le moment de détermination de l'Identité spéculative, le moment de son effectuation, le début du procès de son effectivité. Par l'intermédiaire de l'identité abstraite, chaque objet acquiert sa subsistance par soi et permet à l'Absolu de se poser en toute réalité en ressaisissant la totalité de la réalité grâce à l'assomption d'une extériorisation maximale. Chaque objet acquiert cette subsistance par soi et cette solitude, chaque objet vit dans l'identité par quoi il se différencie des autres. Chaque objet se distingue ainsi du processus qui l'a fait naître, mais en se séparant du tout et en se posant ainsi négativement obéit à l'exigence de ce processus qu'il veut nier : en niant la mobilité de la négativité il contribue précisément à l'intimité de sa dynamique.

L'Absolu s'aliène dans l'autre, il s'extériorise à tel point qu'il se perd. Et c'est seulement lorsque l'autre, indépendant et seul, comprend que sa solitude ne se détermine qu'en une opposition catégorique à son milieu, qu'il comprend également qu'il se détermine contre et avec son opposé. Le singulier est alors pénétré d'une sorte de mémoire absolue, qui lui rappelle d'où sa particularité a émergé, et il saisit ainsi sa différence comme l'intériorité même de l'Esprit absolu : c'est le moment final, celui de l'*Erinnerung*, mot qui joue avec les différentes significations du verbe allemand *er-innern*, et qui signifie ici le souvenir intériorisant.

Au cours de la totalité de ce processus, la Raison unifiante et l'entendement dualisant sont pensés dans l'unité d'un même acte. L'unité spéculative une fois parvenue à la conscience de son effectivité doit exprimer le jeu de rebond qui la constitue : elle doit relâcher cette tension qu'elle com-prend et con-tient, cette différence absolue des contraires qui est en même temps son identité absolue. Si la vérité est le tout, elle ne peut être qu'une unité qui cache en elle-même la différence puis la libère. Hegel écrit ainsi dans une lettre de juillet 1822 : « Le vrai n'est pas quelque chose de calme, qui simplement est, il n'existe qu'en mouvement, vivant ; c'est la perpétuelle différenciation et la réduction des différences en quelque chose d'unique ».

Gorgé d'une abrasion paradoxale, le moment spéculatif se déverse contre sa plénitude en lui soutirant l'immédiate figure abstraite qu'il va poser. Il est une ivresse close qui pose la loi de déterminité des choses dont la finitude est nécessaire à l'indéfini de sa propre mobilité – « le délire bachique dont, écrit Hegel, il n'est aucun membre qui ne soit ivre ». Ce pourquoi il faut des membres et une totalité fermée, continuellement bouillante, et au point de susciter ses phases de glaciation afin de maintenir cette instabilité qui tisse la possibilité de son ébullition.

*

Les rives du Gange entendirent le triomphe du dieu de la joie,
Lorsque le jeune Bacchus arriva des bords de l'Indus,
Conquérant tout sur son passage,
Éveillant, les peuples de leur sommeil en leur versant le vin sacré.

Réveillez, ô poètes, réveillez de leur sommeil
Ceux qui dorment encore, donnez-nous des lois, donnez-nous
La vie ! Triomphez, héros ! Vous seuls avez,
Comme Bacchus, droit de conquête.

Hölderlin
(*À nos grands poètes*)

*

Le moment de l'indépendance, de la rigidification, est nécessaire à l'existence même du fini. Sans la libre aliénation de l'Absolu dans la diversité naturelle, il n'y aurait pas de monde aux yeux de Hegel. La différence de l'Essence et du Concept se joue sur le statut de la capacité d'aliénation : la perte de soi n'est vécue que comme perte par l'Essence, alors que le Concept la vit comme perte de *soi* dont l'aliénation est précisément intériorisée par l'unité plurielle du Concept. Le Concept est ainsi l'essence de l'Essence.

L'entendement est puissance de détermination. L'Absolu s'aliène dans la contingence et la finitude; et le particulier se pose lui-même contre le tout. Au moment même où une différence surgit d'un côté, émerge le poids de son autre. La vie prend conscience de soi au sein d'un champ d'attraction et répulsion réciproques où chaque pôle exclut son autre et par là même l'attire : l'acte qui à la fois attire et repousse est la négativité de l'Absolu hégélien. L'Identité absolue se perd pour se retrouver et ne se retrouve que pour se perdre. L'Esprit se fait surgir lui-même des présuppositions qu'il se donne. Les paroles de sa sagesse sonnent comme celles du *Zarathoustra* de Nietzsche lorsqu'il parle « de la vertu qui prodigue » : « Je vous ordonne de me perdre et de vous trouver; et ce n'est que quand vous m'aurez tous renié que je veux revenir parmi vous. Alors vraiment mes frères avec d'autres yeux je chercherai ceux que j'ai perdus; et c'est d'un autre amour que je vous aimerai alors ».

Entlassung, *Entäusserung*, *Entfremdung* et *Erinnerung* : tel est le schéma selon lequel doit être lue la processualité de l'unité que Hegel entend comme l'Absolu. Le moment de la réconciliation, le moment « spéculatif », ne réduit jamais l'opposition qui le constitue, il ne fait que la com-prendre, si bien qu'il ne la maîtrise que pour aussitôt la relâcher sous des traits neufs et de nouveau se répandre en immanence. L'Absolu hégélien déploie sa visée globale : il ne domine pas ce qui est mais il l'*exprime*. L'immanence déferle et le soucie de l'habiter en détails. Vous eussiez dit d'Aristote avec le monde supra-lunaire qui lui serait tombé sur la tête.

Le moment de la scission est en réalité déjà présent dans les derniers mots du paragraphe 82 de l'*Encyclopédie*, mais sous une forme si dense qu'il est impossible de comprendre cet implicite uniquement à partir de ce seul paragraphe 82 et avant d'être parvenu à la fin de la *Logique*, c'est-à-dire avant d'être parvenu au sens de ce processus sans fin : « Le *spéculatif* appréhende l'unité des déterminations dans leur opposition, l'*affirmatif* qui est contenu dans leur résolution et leur passage en autre chose ». Le passage en autre chose, c'est-à-dire le processus de scission de soi, l'*Entlassung* qui est *Entäusserung*, est ainsi déjà inscrit en cette fin de proposition. Le spéculatif comme totalisation est également ouverture et déconstruction de soi en vue d'un exclusif épanouissement de l'immanence.

*

Et le fleuve juvénile s'élançait vers la plaine,
Triste et gai comme un cœur accablé par sa propre beauté
Qui se jette dans le torrent du temps.

Hölderlin
(*Heidelberg*)

*

Les feuilles mortes donnent le terreau d'une nouvelle pousse : telle la marche du philosopher hégélien. « L'esprit doit recommencer depuis le début aussi naïvement, extraire de cette figure propre sa propre grandeur comme si tout ce qui précède était perdu pour lui, et comme s'il n'avait rien appris de l'expérience des esprits précédents ; mais la recollection du souvenir (*Er-innerung*) les a conservés ; elle est l'intérieur et la forme, en fait plus élevée, de la substance. Si donc cet esprit recommence depuis le début sa culture en paraissant partir seulement de soi, c'est cependant à un degré plus élevé qu'il commence ». René Char résumerait ainsi : « l'acte est vierge, même répété ».

Après récapitulation dialectique de la totalité vivante, l'Esprit hégélien établit pour jamais le monde en l'immanence mobile d'une immédiateté devenue.

*

Devant sa chaumière, tranquillement à l'ombre,
Le laboureur est assis ; son modeste foyer fume.
Avec hospitalité pour le voyageur,
La cloche du soir retentit dans le village en paix.

Sans doute les bateliers rentrent au port désormais.
Dans les villes lointaines se dissipe jovialement

Le tumulte du marché ; sous la calme tonnelle
Chatoie le convivial repas des amis.

Et moi, où irai-je ?

Hölderlin
(*Fantaisie du soir*)

*

À la fin d'un cercle dialectique, le spéculatif pose le début de ce qui s'avèrera être un autre cercle : par exemple, le devenir engendre l'être-là. La dialectique qui va suivre est alors la même que celle qui vient d'avoir lieu, mais reprise à un point de vue plus élevé ; ainsi, le mouvement de naître et de disparaître de l'être pur, le passage de l'être dans le néant et du néant dans l'être, dont la condition de possibilité est découverte comme devenir, se prolonge à la lumière du devenir comme dialectique de l'être en soi et de l'être pour de l'autre ; dialectique qui à son tour, une fois sa vérité établie comme la catégorie de l'infini et à la lumière de cette nouvelle catégorie, sera la dialectique de l'un et du multiple dans l'être-pour-soi. Le spéculatif est aussi le moment d'une *relève* du point de vue, qui répète autant qu'elle renouvelle. Et progressivement, à la faveur de ces successives relèves, comme au réglage d'une diapositive, la processualité caractéristique au Concept devient de plus en plus nette. La processualité des formes inférieures est vague, mais se précise d'elle-même. La *Logique* est ainsi l'ivre traversée d'une série de totalités, chacune étant une présentation du Concept plus adéquate que ne l'est la précédente.

*

Alors et le vin doux et le tambourin et la cithare
Invitent même les malheureux à la danse dont les détours évoquent le labyrinthe.

Hölderlin
(*Le Mein*)

*

L'Esprit hégélien avance, il se perd en même temps qu'il se reconquiert. Il se donne toujours à lui-même un combustible qui est aussi un comburant. Comme les étoiles du *Sonnet en « yx »* de Mallarmé qui ne s'éteignent pas dans l'eau du miroir, l'Esprit est un feu qui ne s'étouffe pas en lui-même, ni ne s'éteint dans l'eau de l'être. La conscience hégélienne est animée de cette combustion surgie de nulle part, soit étymologiquement *ab-surde*, qui lui fait dire : « Je suis le combat, car un combat est justement un conflit qui ne consiste pas dans l'indifférence mutuelle des deux antagonistes, mais au contraire dans le fait qu'ils sont liés ensemble. Je ne suis pas seulement l'un de ceux qui sont engagés dans le combat, mais je suis les deux combattants, je suis le combat lui-même. Je suis comme l'eau et le feu qui entrent en contact, je suis le contact et l'unité des choses qui se repoussent l'une l'autre. Ce contact est précisément lui-même une relation double et conflictuelle, la relation de ce qui tantôt se divise et se dédouble, tantôt se réconcilie et se réunit avec soi-même ».

*

Le sortilège s'enfuit; la nuit vient, et me voici
Comme toujours solitaire sous le Ciel.

Hölderlin
(*Fantaisie du soir*)

*

Si la philosophie est comme la chouette de Minerve, selon une célèbre formule de Hegel, si elle ne prend son vol qu'à la tombée de la nuit, il ne s'agit pas d'omettre que Minuit est aussi l'heure où le monde s'achemine vers une nouvelle aube. Reste à savoir de quelle aube est lourd tel précédent Minuit… Le Minuit de Hegel est celui qui consacre un tournant immanentiste sans précédent, où les siècles, qu'ils le sachent ou non, continuent aveuglément, obstinément, de fabriquer la pensée qui ne se veut que siècle.

Ce temps ne se sera vu qu'une fois, mais son époque se voit encore continuellement qui est cette époque.

Sa fin a été prononcée au livre qui dit transcendantale la Différence fondamentale et révèle l'antécédence de ce hors-siècle comme constitution.

POSTFACE

FAIRE RÉSONNER LA PHILOSOPHIE QUI N'EST QUE SIÈCLE

De Platon, qui regardait l'Idée du Bien répartir les sphères selon l'ordre de la gamme pentatonique, à Nietzsche, qui brutalisait la pensée afin de lui assener une sorte « d'esprit de la musique » à la manière de son cher Schumann se détruisant la main avec artifice dans le but d'y arrimer et inoculer la virtuosité ; de Pythagore, le maître dont fut dépositaire le platonisme ésotérique, l'ancêtre empli d'une science polyvalente qu'unifiait une sagesse religieuse hantée par la primauté secrète de l'harmonie musicale, de Pythagore à Heidegger qui, pétri d'ambiguïté, évoque rarement la musique mais en des termes où il ne néglige jamais de rassembler la totalité de son enseignement ; de Descartes s'essoufflant en un inachevé *Abrégé de musique*, à Schopenhauer croyant la découvrir mais n'y trouvant que sa propre maladie, et s'imaginant accorder une place à la musique en la consignant dans une dimension d'extinction tandis qu'elle est toute rythme, élan et force ; de Kant qui l'ignore malgré ses interminables gloses d'art, à Hegel incapable d'en dire deux mots quelque peu corpulents en dépit des impératifs que dût lui dicter sa doctrine du contenu et du concret ; d'Untel à Tel autre qui en maintes pages n'ont jamais mesuré la portée d'une portée ni même parlé du sens dont l'architecture de la musique et sa chair spirituelle peuvent revêtir la parole d'homme, l'on constatera aisément que la philosophie a très-manifestement et toujours tourné autour de la musique sans jamais la prendre au corps, se contentant ainsi de ces rendez-vous manqués qui font la joie des impuissants.

Ayant entrepris la tâche, avec *La Vérité captive*, de montrer à la philosophie ce qu'elle désire et veut dire en dépit des refoulements qu'elle s'inflige mais dont elle flatte sa propre peur de la Vérité, furent libérées les conditions pour que la pensée puisse percevoir sans cesse l'espace de résonance qu'elle implique en chacun de ses actes. Il n'y a pas lieu d'entrer dans les détails, tout est écrit là où il le faut. Cependant, une telle démarche contient de multiples conséquences théoriques, esthétiques, méthodologiques, pratiques. Elle ouvre un art poétique, elle déploie les lignes d'une sagesse, elle épanouit un nouvel art romanesque, elle donne la clef d'une symphonie.

Les conséquences de cet enrichissement s'exercent aussi au niveau de la parole qui entend exprimer les beautés caractéristiques et idiosyncrasiques de certaines pensées régnant en l'histoire.

La Vérité captive a montré l'omni-précédence de l'être-réflexif et conjuré son absence de prise en charge par l'histoire. Désormais, la réflexivité devenant un principe constituant pour tout acte théorique ou pratique, la *résonance* devient un *principe herméneutique* pour toute lecture – et la musique, en conséquence, une pierre de touche.

Telle doctrine historique peut donc être regardée, d'une part, en fonction de son incapacité à penser la singularité du très-haut Principe qui ouvre la réflexive et fractale richesse de la conscience : et c'est l'expression du système qui, sur la manifestation préalable de son noyau d'intériorisation progressive, s'édifie de même qu'une cathédrale à ciel ouvert – soit en réception de son Principe.

Mais, d'autre part, telle même doctrine historique, connue dorénavant, définitivement et ultimement, comme constituant un manquement dans la conscience que la réflexivité prend du sens de sa dimension différentiale et fractale, peut également être regardée en soi et afin que paraissent ses prestiges. C'est prologue à ce qui précède. Il s'agit en effet de faire connaître une pensée sans la maquiller, parce que l'histoire de la philosophie a été bien trop marquée par la série de tous ces contredisants qui, bien que magistraux, grimèrent leur adversaire afin de les faire mascarade et d'en obtenir mieux raison. L'on peut à présent débouter les manquements d'un auteur envers la Vérité en le laissant s'enfoncer simplement en son génie, autrement dit en le laissant présenter authentiquement le cadre de ce qui, au regard du Principe, recèle la satisfaite expression de remarquables défectuosités spéculatives. Lorsque se manifeste la Pensée nourrie dans l'avant-siècle – car « la Pensée de la Différence fondamentale est une philosophie d'avant les siècles » –, la lecture de l'histoire change ; et affliger quiconque d'anamorphoses herméneutiques n'est plus nécessité. Nul besoin de déformer la perspective d'une doctrine pour la dépasser irrémédiablement.

Aussi mon propos envers les philosophes est-il à la fois plus fiévreux et plus respectueux que celui estoqué par tout autre : l'on tutoie grand-monde dans la résonance fondamentale. Aucun des auteurs de l'histoire obvie de la philosophie ne sort indemne de son exposition à une *Pensée d'avant les siècles* : la Pensée de la Différence fondamentale. Il n'y a là de ma part nulle crispation sur quelque point d'honneur, nulle position d'égotisme : mon ego est remis aux mains sacrées et ne se jouit pas mondain. Qui accuse partout l'ego s'inquiète surtout du sien, dont l'anxiogène ressentiment l'encombre : cela, paraît-il, se choie ou se soigne.

Il n'y a nul ego ici, mais la terrible réalité d'un décalage constant et général : les penseurs d'une certaine histoire n'ont été en mesure de déployer leurs sapiences ouvrières qu'à partir d'une pétition de refus envers les droits de la Vérité. Toutefois, donner sa part à la doctrine des philosophes afin de provoquer chez chacune le meilleur épanouissement de ses sèves est non seulement possible en ce cadre mais souhaitable, car connaître au mieux les virtuosités propres à une œuvre philosophique est le préambule au sein duquel une doctrine se manifeste en sa nudité et fait d'autant mieux voir ses forces avant que ne soient montrées ses inexorables carences. Il est profitable de voir qu'il y a certaines beautés dans le cadastre précis d'une œuvre qu'un plus profond regard désignera inadéquate, il est profitable de sentir que la présupposition imposée par ce cadastre fait frémir une lecture éprouvant qu'il ne serait pas absurde de se laisser prendre aux luxuriances des concaténations dont la source est précisément cette présupposition. L'on tire profit à voir les gloires d'une pensée assise sur son terrain sans que soit évoqué l'horizon présupposant qui anime son paysage, l'on en tire profit avant que la Pensée qui, elle, ne connaît aucune présupposition, pas même elle-même, n'entame la lecture de vérité.

Dès l'instant où la restitution d'une doctrine pour soi se présente comme auxiliaire parallèle au cheminement de la seule Pensée fondamentale, de même que cette doctrine a été puissamment et fidèlement dépassée, reste à savoir comment pénétrer si puissamment que fidèlement en son cœur afin de signifier la façon dont il se comprend lui-même – reste à savoir comment ouvrir authentiquement ses portes afin qu'elles délivrent les beautés qu'une philosophie s'est donnée pour objectif. Et à cela sont insuffisantes les méthodes de lecture jusques alors en vigueur. *Ce pourquoi une nouvelle herméneutique de restitution est ici en œuvre, qui s'adjoint non point uniquement les structures traditionnelles de la rhétorique discursive, incapables, les blèches, de faire justement paraître le rythme et l'harmonie propres à une pensée, mais qui bien plus essentiellement fait corps avec les nombreuses ressources, en ce sens jamais explorées, des structures du langage musical.* Ces ressources alliées à celles de la discursivité et de la dialectique ouvrent des réverbérations nouvelles et permettent d'entendre ce qui se trouve en propre au cœur d'une parole de philosophie.

Sur le fond d'une telle neuve architecture de recul orchestral, la présupposition est éliminée sur la base de laquelle était omis l'espace de résonance de la réflexivité; n'était alors retenu qu'un certain type de relations logiques dont la possibilité s'inscrivait pourtant elle-même dans la résonance du champ réflexif; désormais la résonance entière de ce champ affecte son horizon, et des liens inouïs s'établissent. À la conscience qui sait la conscience s'est déployée la conséquence de cette connaissance qui naît à la conscience de soi comme fractale réflexive et comme différence en instance de capable recul perpétuel. Un espace s'ouvre qui est sonate, et dont la consistance s'éploie d'harmonie et de rythme; une efflorescence mélodique y jaillit, mêlée aux architectures elles-mêmes prises en un fond de réverbération sans fin dont la propre présence est ancrée en une secrète force si imprévisiblement puissante qu'elle est capable de faire jaillir le champ de résonance lui-même comme source de jaillissement. La réverbération en tant qu'occultée dimension de l'âme, ou la sonate comme catégorie de précédence : telle est la *quantitas transcendantalis* au sein de laquelle l'esprit conscient du sens de la réflexivité sait devoir maintenant composer afin de s'exprimer à proportion de ce qu'il porte.

Désormais, l'on n'étudiera dignement une pensée qu'au sein de ce qui a été donné à l'âme afin qu'elle sache combien sa syntaxe spirituelle est unifiée en un point aussi solide qu'invisible où, en une symphonie cachée et plus que musicale, se joignent les solidités insues de cohérence et de tessiture attachées au verbe dont nous sommes réflexivement tissus et dont, en notre intériorité, les arborescences s'élongent en d'homogènes et lointains, en d'étirés et prochains, en de multiples et démultipliés contrepoints. L'on n'étudiera donc telle pensée pour soi seulement si elle est exprimée dans un logos repris au sein de la réverbération réflexive et donc, méthodologiquement, au sein des diverses règles et nombreuses nuances qui sont attachées à cette structure reconnue, les diverses règles et nombreuses nuances qui sont à la musique. Les architectures musicales, aussi libres dans leur espace que précises dans leurs lignes, qu'elles s'expriment dans le poëme ou dans la partition, rendent manifestes et publient par leur propre jeu de correspondance ce qui relève de la dimension réflexive. Assumer, en pensant, la musique en son sens le plus vaste c'est reconnaître la structure intime et plus qu'humaine de l'humain.

Telle doctrine conceptuelle ouvrée par tel individu d'histoire sera présente à celui qui ouvrira l'oreille de l'intimité intellectuelle pour se mettre à l'écoute des registres harmoniques qui gouvernent une œuvre. Celle-ci révélant les lignes des contrepoints qui la régissent apparaît alors selon elle et non selon nous, et lorsque la considérera la Pensée Principale ce sera en probité parfaite, sans l'amoindrir, sans la déformer, sans tomber dans cette manie du maquillage ridiculatif en quoi les philosophes ont adulé de se rendre vicieux afin de devenir aisément victorieux de leurs prédécesseurs.

En outre, reculant ainsi d'un temps – d'un prologue, quelle qu'en soit sa longueur –, la violente distance que prend la Pensée d'avant-siècle vis-à-vis de toutes ces figures qui ont réjoui leur œuvre dans la dénégation du Vrai, telle doctrine dirigée par l'oreille mènera d'elle-même à ses propres limites, et par la loi de sa qualité même. Une ère de maladie est achevée. Il ne s'agit plus du tout de lire la philosophie à la façon de ces pullulants compilateurs paraphrastiques qui baguenaudent et se traînent dans les marges puis, l'un l'autre, malpropres, se réciproquent. Ainsi : soit une figure philosophique est soumise à l'épreuve de son ouverture à la possibilité ontologique de la conscience réflexive et elle s'écroule dès lors sur-le-champ, la masure ne résistant nullement à l'ombre que porte sur elle l'immenséité reçue par cette cathédrale à ciel ouvert issue du regard sur *la Différence fondamentale-transcendantale-théologale* ; soit, afin que l'on la lise encore et que l'on sache les valeurs que se trouve à soi-même ce que l'on met par ailleurs en toute connaissance de cause et fondamentalement en question, il s'agit de faire apparaître du mieux possible la résonance d'une doctrine, ce qu'elle a à dire et rien d'autre.

L'espace de résonance étant enfin ouvert à l'oreille puisque l'espace de la conscience est à présent ouvert à la pensée, il ne s'agit plus de savoir si l'on va « commenter » une pensée, la « questionner », écrire « sur » ou « avec » elle, comme le disent les coquets de laboratoire, il ne s'agit pas d'appliquer une méthode d'analyse selon une école (épistémologique, psychologique, sociologique, foutrologique), il s'agit de laisser respirer cette réverbération propre à l'espace dégagé devant la conscience qui se sait réflexive – et donc sonate pour un glorieux après. Aussi tel contenu de résonance fera-t-il entendre telle respiration.

Cet ouvrage est plein de choses cachées qui viendront à l'oreille à mesure que celle-ci existera. Pourtant, nul besoin de tout ce que je viens de dire pour le lire, et c'est toute la féerie de la chose : elle parle déjà. Il y a derrière tout cela un processus de compénétration, et il ne se voit pas. Ne reste que l'efficacité contemplative du résultat.

Celle-ci est apparue pour la première fois sous cette forme contrapunctique, où le raisonnement reluit de résonance, au domaine où s'ébat la doctrine de Heidegger. *Improvisation sur Heidegger* est l'ouvrage qui – appuyé sur le continent où il y a plus d'une douzaine d'années j'orchestrai une vaste acoustique mentale – déduit des puissances de la Pensée fondamentale l'apport initial de mon oreille amirale. Aujourd'hui l'improvisation découvre le chemin du contrepoint au sein du continent hégélien. La chose y déploie sa pleine limpidité : *carpe librem*. L'auteur est compositeur afin que soit, dans la synesthésie toute, le tableau où l'opéra chante tel poème pensant.

Il faut s'en tenir à ceci : après le perpétuel rendez-vous manqué de la musique et de la philosophie, la musique devient de nouveau en ces livres un principe herméneutique, un principe de lecture, dont la pensée de Hegel, après celle de Heidegger, sort revécue. L'on y voit envisager, selon les principes susdits, que la philosophie de Hegel est contrepoint de contrepoints dont le lecteur se fait ici, s'il le veut, l'attentif interprète.

Improvisation ? Une partition *prévoit*, étymologiquement elle *provise*, et celui qui s'immerge en elle *im-provise*. Une partition pré-voit, notamment lorsqu'y sont consignés des Contrepoints à l'état brut, et l'on pense à l'inestimable Bach : ces Contrepoints sont pour le soliste le support d'un infini moment de liberté, un moment d'improvisation : la partition ne comportant aucune indication véritablement contraignante, sous les doigts du pianiste se mêlent ainsi les thèmes du compositeur et l'imagination créatrice de l'interprète qui par le jeu des nuances, des divertissements, des péripéties, des approfondissements, des répartitions, pousse ces thèmes à leurs limites – au point que le soliste arrive parfois (et Glenn Gould nous est ici un modèle) à porter le texte musical plus loin que lui-même.

La partition originale se voit débordée puis emportée en un lieu qui donne à l'auditeur un avant-goût de ce qui la surplombe et rappelle que l'interprète est également compositeur dont l'oreille joue cette partition à partir d'une silencieuse préscience et d'une tacite entente, plus profondes. Il existe un texte d'ample recueillement dont l'influence porte ici pudeur de se manifester mais qui formule cette pudeur dans la virtuosité même avec laquelle la partition jouée sera comprise puis transfigurée par l'improisation – car il faut tout le recul d'une profondeur inconnue ici, mais formulée ailleurs par la Pensée Principale, pour connaître comment jouer, c'est-à-dire d'abord comment voir, le subtil entrelacs des contrepoints qui au soliste deviendront une telle intime connaissance qu'il en formulera lui-même la ligne de naissance afin de lui donner pleine résonance, laissant entendre la plus ample résonance au sein de laquelle est prise cette résonance.

Ce livre est ainsi l'un des multiples prolongements de l'œuvre nucléaire : le système nouveau *De la philosophie*, qui a conquis une liberté pour la pensée – et notamment celle d'ouvrir l'expression totale de celle-ci dans la communion du verbe et de l'art. Après avoir épanoui la nature de la pensée vraie dans sa conclusion, le poëme, après avoir posé sa propédeutique dans le roman et dans la pensée de la musique, à une époque où le style c'est-à-dire la musique a déserté la pensée, j'ai voulu une refonte de la façon dont on lit la philosophie et j'ai fait pénétrer l'architecture musicale dans la structure même du raisonnement. La démonstration se fait par voie de modulations, de préludes, d'adagios, de contrepoints, de toccatas, de fugues, et non par l'empilement décalcomane de l'ordre des raisons propres à l'auteur lu : les lignes d'une pensée sont transmises par l'harmonie même qui structure et que construit mon improvisation.

Improviser signifie se tenir à une vision d'avance, avoir toujours cette vision d'avance, être en état de constante réflexivité par rapport au contenu que l'on pense – une réflexivité qui pénètre à même notre être, à même la peau, qui fait corps avec nous, qui nous tient en état de transverbération. Cette réflexivité ouverte et en qui s'ouvre le champ pour ce qui n'est pas conscient d'elle, c'est la grandeur de l'appréhension d'improvisation en philosophie, qui désormais non seulement se pose comme la démarche rigoureuse selon l'essence de l'âme et qui également ne soit pas extérieure à l'élément au sein duquel elle est contenue.

L'âme est en avant, l'improvisation lui est conforme qui est un regard en avant.

La philosophie a toujours eu peur de la Vérité : improviser sur l'histoire de la philosophie signifie la montrer dans ses clartés qui sont autant d'ombres de la grande et riante lumière qu'elle craint. Improviser sur l'histoire de la philosophie montre la philosophie et donne leur forme plénière à chacune des figures historiques qu'elle situe dans un état de conscience paroxystique, et qu'elle peut savoir ainsi parfaitement afin de connaître la réalité spéculative dont la posture inadéquate sera rejetée par la profondeur de cette Pensée fondamentale qui ne craint pas l'humilité de recevoir le Principe, la Différence. La *Pensée de la Différence fondamentale* reçoit le Transcendant dont la précédence et la prévenance font toute chose nouvelle.

Il ressort de cette méditation générale cette œuvre où il est question de Hegel en des termes d'une inédite luminosité architecturale. Si l'on ne la goûte, il en est rien de ma faute. Que le lecteur accède à ses propres difficultés auriculaires.

Cette entreprise appelle sa suite infiniment. C'est la présence de ce qui, dans la pensée, donne place à la musique qui est ici en jeu, autrement dit la clarté des sonorités pensantes au cœur de la philosophie. Ce qui est en jeu, c'est la possibilité de parler de l'histoire puis de la faire après se l'être appropriée. J'ai dû avoir connaissance de cette affaire.

Maxence Caron,
25 juillet 2012

TABLE DES MATIÈRES

Imprimé sur les presses de Jouve - Mayenne
2146680F - dépôt légal : février 2014 - date d'impression : février 2014